U0720475

英国简史

A BRIEF HISTORY *of* BRITAIN

刘金源 编著

江苏人民出版社

图书在版编目（CIP）数据

英国简史 / 刘金源编著. -- 南京 ：江苏人民出版
社，2024. 8. -- ISBN 978-7-214-29231-5

Ⅰ. K561.0

中国国家版本馆CIP数据核字第2024K1B045号

书 名	英国简史
编 著	刘金源
责 任 编 辑	马晓晓
装 帧 设 计	薛顾璨
责 任 监 制	王 娟
出 版 发 行	江苏人民出版社
地 址	南京市湖南路1号A楼，邮编：210009
照 排	江苏凤凰制版有限公司
印 刷	南京爱德印刷有限公司
开 本	890毫米×1 240 毫米 1/32
印 张	10.25 插页4
字 数	200千字
版 次	2024年8月第1版
印 次	2024年8月第1次印刷
标 准 书 号	ISBN 978-7-214-29231-5
定 价	88.00元

（江苏人民出版社图书凡印装错误可向承印厂调换）

插图目录

011 图 1-1 12 世纪下半期英格兰在法兰西的领地

015 图 1-2 百年战争中交战的英法军队

017 图 1-3 圣女贞德被处以火刑

020 图 1-4 1337—1453 年英法百年战争

024 图 1-5 亨利八世与其六位妻子

030 图 1-6 "童贞女王"伊丽莎白一世

034 图 1-7 议会向威廉和玛丽宣读《权利法案》

038 图 1-8 维多利亚女王出席世界博览会

043 图 1-9 1886 年的"日不落帝国"

047 图 1-10 19 世纪末的剑桥大学

050 图 1-11 1947 年尼赫鲁宣布印度独立

054 图 1-12 "铁娘子"撒切尔夫人

061 图 2-1 黑斯廷斯之役

064 图 2-2 约翰王与贵族签署《大宪章》

066 图 2-3 西门·孟福尔与议会的召开

072 图 2-4 查理一世被推上断头台

075 图 2-5 克伦威尔派兵解散议会

077 图 2-6 斯图亚特王朝复辟

081　　　图 2-7　都铎时期的枢密院

084　　　图 2-8　乔治三世与首相诺斯

088　　　图 2-9　辉格党与托利党

091　　　图 2-10　晚年的维多利亚女王

095　　　图 2-11　近代早期英国的选票交易

099　　　图 2-12　议会改革推动者查尔斯·格雷

101　　　图 2-13　女权主义者潘克赫斯特夫人发表演说

105　　　图 2-14　1832 年改革法案的通过

110　　　图 3-1　议会将王冠献给威廉和玛丽

113　　　图 3-2　农业革命中的农具改良

115　　　图 3-3　18 世纪繁忙的英国海港

118　　　图 3-4　18 世纪初的伦敦

120　　　图 3-5　近代物理学之父——牛顿

124　　　图 3-6　亚当·斯密雕像

128　　　图 3-7　"反《谷物法》同盟"会议

134　　　图 3-8　珍妮纺纱机

139　　　图 3-9　瓦特、默多克和博尔顿雕像

141　　　图 3-10　铁路时代的到来

144　　　图 3-11　理查德·阿克莱特的工厂

149　　　图 3-12　19 世纪末的百货商店

155　　　图 3-13　1851 年世界工业博览会

161　　　图4-1　1581年伊丽莎白女王册封德雷克骑士头衔

165　　　图4-2　西班牙无敌舰队覆灭

168　　　图4-3　"五月花号"在北美登陆

172　　　图4-4　晚期重商主义代表人物：托马斯·孟

177　　　图4-5　滑铁卢战役

180　　　图4-6　波士顿倾茶事件

183　　　图4-7　亚当·斯密与《国富论》

188　　　图4-8　1837年加拿大起义

194　　　图4-9　1775—1858年英国在印度势力的扩张

198　　　图4-10　1899—1902年布尔战争

200　　　图4-11　第二次中东战争

204　　　图4-12　2018年英联邦政府首脑会议

210　　　图5-1　早期教会的贫困救济

213　　　图5-2　《伊丽莎白济贫法》

216　　　图5-3　领面包的穷人

220　　　图5-4　皇家济贫法委员会成员

224　　　图5-5　济贫院内场景

226　　　图5-6　济贫院外救济

230　　　图5-7　费边社成员和"彩虹圈子"

234　　　图5-8　老年人在邮局排队领取养老金

236　　　图5-9　贝弗里奇和《贝弗里奇报告》

240   图 5-10   1945 年大选由工党获胜

243   图 5-11   领取福利津贴现场

249   图 5-12   福利国家危机

251   图 5-13   妇女以静坐方式反对撒切尔政府削减福利开支

257   图 6-1   漫画《约翰牛和他的朋友们》：1900 年的欧洲

260   图 6-2   1906 年，英日结盟后明治天皇正在接受嘉德勋章

264   图 6-3   反映英美特殊关系的漫画

268   图 6-4   欧洲煤钢共同体海报

276   图 6-5   1973 年 1 月 1 日，英国加入欧共体当天的《卫报》报道

278   图 6-6   1975 年英国第一次脱欧公投

280   图 6-7   英欧关系漫画:《被遗弃的船》

285   图 6-8   欧元与英镑

291   图 6-9   2015 年欧洲难民危机

295   图 6-10   脱欧派在游行中

299   图 6-11   脱欧公投结果

304   图 6-12   脱欧谈判完成现场

目 录

001 导 言

009 第一章 由盛及衰：英国霸权的潮起潮落

010 一、百年战争与民族觉醒

021 二、专制王权与岛国崛起

032 三、工业与帝国铸就霸权

044 四、霸权的陨落及其思考

057 第二章 自由民主：政治现代化的演进

058 一、民主与自由之起源

069 二、革命：议会与王权的较量

080 三、君主立宪制下的变革

093 四、议会改革与政治民主化

107 第三章 引领潮流：工业文明的诞生

108 一、工业文明诞生之谜团

122 二、吹响自由主义的号角

132 三、工业化社会的来临

146 四、世界工厂铸就霸权

157 第四章 日落斜阳：大英帝国的兴衰

158 一、从殖民扩张到挑战西荷

170 二、英法争霸成就重商帝国

182 三、盛世之下的日不落帝国

195 四、从英帝国到英联邦

207　第五章　开创福利：社会现代化历程

208　一、旧济贫法下的社会救济

218　二、新济贫法下的社会救济

228　三、福利国家的建立

242　四、福利国家的运作及变革

255　第六章　聚散离合：英国的入欧与脱欧

256　一、从光辉孤立到三环外交

266　二、艰难入欧与首次脱欧

279　三、欧盟成员中的尴尬伙伴

288　四、意外而艰难的脱欧之路

305　参考文献

导　言

在六千多年的人类文明史上，不同民族国家或多或少都对文明起源与发展做出过贡献，从而共同推动了社会发展与文明进步。人类文明的演进，经历了从渔猎文明→农业文明→工业文明→后工业文明这几个阶段，其中工业文明阶段尤为值得关注。当今世界，尽管有三十多个国家已进入到后工业社会，但工业文明仍然是绝大多数国家孜孜以求的目标。工业文明对于人类社会来说如此重要，而作为现代工业文明开创者的英国，自然而然地备受人们关注。

英国是大西洋上位于欧洲西北角的一个小小岛国，全称为大不列颠及北爱尔兰联合王国，由不列颠岛上的英格兰、苏格兰、威尔士以及爱尔兰岛上的北爱尔兰四个部分组成。英国本土面积约24万平方千米，人口数目约为6200万。无论从土地面积还是从人口规模来看，英国都远远称不上是个大国。但进入近代社会以来，英国从一个不起眼的小国一跃成为世界霸主，并维持霸权长达一个世纪。在此过程中，英国开创现代政治制度，开启工业文明，缔造"日不落帝国"，首创福利国家。在近代历史的关键节点上，英国总是把握住历史机遇，引领时代发展潮流。

　　尽管当今英国已风光不再，但从其对人类文明的贡献及对当今世界的影响力来看，确实不得不令人刮目相看。英国在近现代世界历史上的影响力如此之大，这与其国土面积和人口数量远不相称。由此，人们不禁产生这样的疑问：作为一个小国，英国为何能在欧洲乃至世界舞台上迅速崛起，并登上霸权的巅峰？在人类文明的政治、经济与社会方面，为什么偏偏是英国能完成一系列开创之举，其成功秘诀何在？进入 20 世纪后，英国为何又迅速从霸权顶峰跌落下来，其霸权兴衰的原因及规律何在？英国曾通过几个世纪的努力，构建起人类历史上绝无仅有的"日不落帝国"，战后帝国虽然瓦解了，但作为其遗产的英联邦却能延续至今，这背后到底隐藏着什么样的奥秘？作为一个欧洲国家，英国曾长期游离于欧洲大陆之外，在 20 世纪中叶后又先后经历了入欧与脱欧，英欧之间到底存在着哪些离合恩怨？诸如此类的问题，可能困扰着对英国关注并有兴趣的读者。要想做出解答，就必须去了解英国的历史发展进程。

英国曾长期游离于欧洲大陆主流文明圈之外，不列颠岛上的早期居民，来自欧洲大陆的伊比利亚人、日耳曼部落中凯尔特人、盎格鲁－撒克逊人等。公元 1 世纪，罗马帝国曾征服英格兰，建立起长达四个世纪的统治。随着罗马帝国的衰亡，不列颠岛陷入到部落王国内部混战局面。来自挪威及丹麦的维京人乘虚而入，不断发起对不列颠的劫掠，尤其是丹麦人甚至在英格兰建立起自己的王室。1066 年，随着法国诺曼公爵威廉的入侵，英国过渡到诺曼王朝统治下的封建社会，并逐步进入到欧洲文明圈。在诺曼征服后四百余年间，国王与贵族之间因权力争夺而冲突不断。也正是在这种激烈斗争中，《大宪章》作为限制王权的文本、议会作为限制王权的机构先后诞生了，这为英国开创现代政治体制提供了前提。

英法百年战争和红白玫瑰战争之后，经历了战火洗礼，英国民族国家开始形成。都铎王朝时期的专制王权，在民族国家的巩固与崛起方面发挥着重要作用。在亨利七世、亨利八世、伊丽莎白一世等专制君主治下，英国对内实施重商主义政策，大力发展工商业；对外推行殖民扩张，抢占殖民地与海外市场；在军事上，击败西班牙"无敌舰队"，向海上强国迈进。

　　进入 17 世纪，英国迎来历史上最为混乱的革命时代。王权与议会之间的冲突愈演愈烈，内战终于爆发。尽管专制君主查理一世由于战败而被推上断头台，但在新生的共和国中，作为护国公的克伦威尔，其权力不受控制，几乎成为无冕之王，英国几乎又回到内战前的专制时代。随着克伦威尔的去世，共和大厦轰然倒塌。出于稳定政治及社会秩序的需要，流亡的查理二世被迎接回国。斯图亚特王朝复辟了，英国革命既定的推翻专制目标远未完成。1688 年，一场不流血的光荣革命，终于画上了圆满的句号。被拥立的新君签署《权利法案》，确认议会主权，王权受到制约。由此，英国从君主专制过渡到君主立宪制，开创起现代政治体制。

　　18 世纪后，英国由欧洲强国向世界霸主迈进。在经济方面，英国开启了以自由放任为特征的工业革命，成为第一个工业化国家，奠定了"世界工厂"地位，其工业霸权一直延续到 19 世纪末。在外交方面，在打败西班牙与荷兰之后，英国与法国进行了长达百余年的殖民争霸战。通过 1814 年滑铁卢战役，法国被彻底击败，英国建立起世界霸权。在殖民扩张方面，18 世纪以北美为中心的重商帝国随着美国独立而瓦解，但以印度为中心的"日不落帝国"在19世纪建立起来，英国权势随着帝国扩张而遍及世界各个角落。

在完成经济起飞之后，政治民主化提上了议事日程。作为精英阶层的贵族寡头，自光荣革命后长期垄断国家政权，结果遭遇到工业社会两大阶级——中产阶级与工人阶级的挑战。以扩大政治参与为目标的议会改革运动风起云涌，形成一股强大的改革浪潮，最终迫使贵族阶层审时度势，做出退让，历经波折的1832年议会改革终于成功，由此开启了通过改革实现政治民主化的模式。19世纪三次议会改革，使大多数英国成年男性拥有了选举权。20世纪上半叶，英国又通过两次议会改革，到1928年实现了成年男女的普选权。经过近百年的努力，英国通过和平、渐进的方式完成了政治民主化。

在工业化及民主化目标完成后，到20世纪中叶，英国开始着力推动社会现代化。随着《国民保险法》《国民健康服务法》及《国民救济法》的颁布与实施，英国率先建立起"从摇篮到坟墓"的福利国家，首开西方社会保障制度之先河。

20世纪中后叶，英国在进入到后现代社会的同时，也迎来盛极而衰的转型时期。殖民地离心倾向与非殖民化潮流的兴起，最终埋葬了辉煌一时的"日不落帝国"。作为帝国遗产的英联邦，如今也只能成为英国人帝国情节的一点寄托而已。随着工业霸权的丧失，20世纪中叶英国经济陷入滞胀局面。尽管撒切尔以新自由主义方案化解了"英国病"，但新的困境与挑战依然不断。

霸权的丧失对英国外交政策尤其是与欧洲的关系产生了深远影响。当被战火摧残的西欧出于自救而建立欧洲共同体之时，囿于"三环外交"的英国不为所动。1970年代国内外形势的变化，促使英国与时俱进地调整对欧政策，1973年英国终于成为欧共体成员。不过，英国始终未能很好地融入欧洲，而一直保持着半心半意的伙伴角色。当21世纪欧盟面临各种危机或挑战时，英国最终扛起脱欧大旗，与欧盟分道扬镳。英国的入欧与脱欧，本质上来说是实用主义外交下的必然产物，这为英国未来的发展带来诸多不确定性。

从纵向来看，英国历史发展经历了一个由兴及衰、由强到弱的演进过程。决定英国兴衰的有诸多因素，而其中最为关键的因素是制度创新。强大的制度创新能力促使近代英国占尽先机，成为现代化领头羊，引领了时代潮流。

当制度创新能力逐渐减弱、丧失并被其他国家赶超时，英国的衰落便在所难免了。制度创新决定着大国兴衰，英国五百年间的霸权兴衰史，生动地诠释了这一规律。

大多数通史类著述，都按照历史学的时间顺序，由远及近地介绍民族国家的发展历程。本书则另辟蹊径，不再沿用传统的通史体例，而是将英国历史划分为不同的专题，从不同层面来缕析英国历史发展脉络，以揭示英国历史的奥秘及规律，期待读者在阅读中获得某些启示。

本书具体分工如下：导言、第一、二、四、六章由刘金源编撰，第三章由元鹏成编撰，第五章由李文慧编撰。本书在写作过程中参考了国内外学者的诸多著述，在此表示感谢。书中的不足之处，恳请批评指正。

刘金源

二〇二四年五月

于南京大学

Chapter
1

由盛及衰：英国霸权的潮起潮落

英国有着辉煌的过去：民主政治、工业文明、日不落帝国等，给英国人带来无上的荣耀。但二战结束后，随着世界工厂地位丧失以及殖民帝国的瓦解，英国不可一世、称王称霸的时代，已一去不复返了。如同大海中起伏涨落的潮汐，英国的兴衰演绎着人类历史发展进程中这一亘古不变的自然规律。英国这个人口少、面积小的岛国，为何能够问鼎世界霸主并维系霸权长达一个世纪？在二战后为什么沦为二流国家，其中蕴含着怎样的历史规律？让我们关注潮起潮落中的霸权兴衰。

一、百年战争与民族觉醒

从历史上看，大国的崛起，首先在于现代民族国家的建立，民族意识的形成至关重要。英格兰民族意识的觉醒与萌发，要从百年战争说起。1337—1453 年，英吉利海峡两岸的英法两国，为了领地及王位继承等问题陷入到一场长达百余年的战争，史称"百年战争"。百年战争促进了两国民族意识的觉醒，推动了英格兰与法兰西民族国家的创建。

1. 诺曼征服后的英法纠葛

在近代之前，与欧洲大陆隔海相望的英国，时常遭到欧陆国家的侵略或占领。1066 年，法国诺曼公爵威廉介入英格兰王位之争，率领 7 000 余人的军队，渡过英吉利海峡，完成对英格兰的征服，

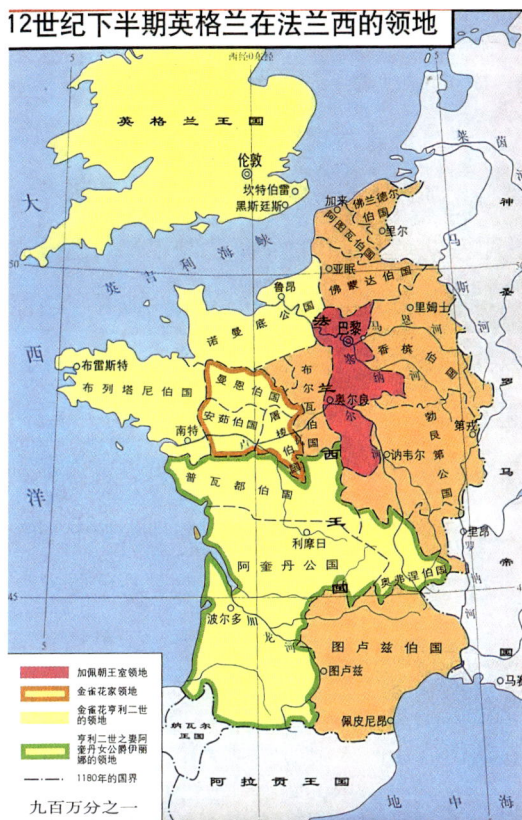

图 1-1　12 世纪下半期英格兰在法兰西的领地

加冕成为英格兰国王，开创了诺曼王朝。[1] 1154 年，法国安茹伯爵的亨利入主英格兰，登上王位，开创了安茹王朝。由此，作为英格兰的一国之君，却是法国君主的封臣，依法拥有诺曼底、安茹等多

———————

① 钱乘旦、许洁明：《英国通史》，上海：上海社会科学院出版社，2017 年版，第 38 页。

块领地。疆域的交叉以及王室联姻引发英法两国之间的纠葛，最终在 14 世纪点燃了战争导火索。

战争的政治根源在于王位继承问题。1328 年，法王查理四世驾崩，加佩王朝绝嗣。此时英王爱德华三世以查理四世外甥身份提出继承法兰西王位的请求，结果被法国以违反王位继承父权制原则而拒绝。为避免法兰西被英格兰兼并，法国三级议会转而推举查理四世的堂兄弟瓦洛瓦伯爵之子为王，称腓力六世，法国开始了瓦洛瓦王朝的统治。虽然有些不满，但为了维持其在法兰西的领地安全，当时羽翼尚未丰满的爱德华三世忍气吞声。不过，王位继承问题埋下了冲突的种子，当双方因领地、商业利益而使矛盾激化时，继承法兰西王位就成为英王发动战争的重要理由。

战争的外交根源在于法国对于英格兰与苏格兰冲突的介入，成为不列颠统一的障碍。在中世纪相当长的时间内，英格兰与苏格兰长期作战，而法国为牵制英格兰直接援助或支持苏格兰。例如，根据 1295 年签订的《奥尔德盟约》，法国每年提供给苏格兰补助金 5 万英镑；作为交换条件，苏格兰必须每年用 4 个月同英格兰作战。此盟约激怒了英格兰，爱德华一世一度率军征服苏格兰，并迫使后者承认其为苏格兰国王，但苏格兰人反英斗争从未间断。14 世纪后，苏格兰人的反英斗争得到法王腓力六世的支持，引发了爱德华三世的强烈不满。铲除英苏统一进程中法国这块绊脚石，成为其追求的目标。

　　战争的经济根源,在于两国在加斯科尼与佛兰德尔的利益冲突。到 13 世纪初,在英法多次交战后,英国在欧洲大陆的领地丧失殆尽,但仍占有法国西南部的加斯科尼。加斯科尼经济繁荣,盛产葡萄酒,不仅是英国人葡萄酒的主要产地,而且是英国向大陆出口物资的集散地,在英国对外贸易中占有重要地位。而英国人占据富庶的加斯科尼,也成为法兰西实现领土完整的重大障碍。不仅如此,英法还在法兰西控制的佛兰德尔存在利益冲突。作为呢绒业中心,佛兰德尔羊毛进口来自英国,生产的呢绒又返销到英国,工商业阶层与英格兰保持密切经济联系。但佛兰德尔伯爵却倒向法国,在市民发动起义时寻求法王的支持。1336 年,英国宣布禁止向佛兰德尔出口羊毛,激化了英法矛盾,战争一触即发。[①] 由此看来,百年战争是英法两个民族国家形成过程中几乎难以避免的冲突:法国希望收回英王在法兰西的领地,消除法国政治统一的障碍;英王则反对法国插手苏格兰事务,捍卫其在欧洲大陆的商业利益,旷日持久的"王朝之战"由此爆发。

2. 百年战争中的英法交锋

　　随着英法矛盾的激化,1337 年 5 月,法王腓力六世宣布收回

---

① 孟广林、黄春高:《英国通史》(第二卷),南京:江苏人民出版社,2016 年版,第124 页。

英王领地吉约那，随即派兵直接占领。10月，英王爱德华三世公开称其对法兰西王位的继承权，并以夺取王位之名进攻法国，战争终于爆发了。

百年战争始于1337年，终于1453年，长达116年。在此百余年间，战争时断时续，两国之间既有战场上的激烈交锋，又有缔约媾和后的休战与和平。百年战争是在双方实力不对等条件下进行的：英国面积狭小，物资贫乏，人口不到500万；而法国地域辽阔，经济发达，拥有2 000万人口，是西欧富庶国家。英国实施对法国的跨海登陆作战，战场主要是在法国领土上，因此几乎是举全国之力而为之。这也就决定了，虽然英国依靠战术及装备而赢得多次胜利，但漫长的战线以及超过百年的持久战，决定了英国最终的命运。

战争之初，英军捷报频传。在1340年斯勒伊海战中，法国舰队被击败，英国得以实现对英吉利海峡的控制，士兵、装备、补给等源源不断地输送到大陆。1346年，腓力六世率领法军与爱德华三世统帅的英军在索姆河畔的克雷西进行大会战。这是有着"骑士之花"称号的法兰西骑兵与英国长弓手之间的决战。英军凭借有利的地形、灵活的战术以及长弓的威力，以少胜多，击毙法军万余人，法王率残部逃脱。随后，英王继续北上，于1347年攻占港口城市加莱，加莱后来发展成为英国在大陆进行羊毛贸易的中心站。1356年，英国黑太子爱德华率军在普瓦提埃击溃法军，俘获法王及其幼子。法国被迫求和，加莱及阿奎丹等领地被划归英国，同时法国要

图 1-2　百年战争中交战的英法军队

缴纳 50 万英镑赎金。[①] 但到 14 世纪后半叶，随着王位更替及农民起义爆发，英国再也难以维持战争，法军在战场上发起反攻。至 1380 年，除加莱、波尔多等几个港口外，英国在大陆所有领地全部被法国收回。

———————

① 阎照祥：《英国史》，北京：人民出版社，2014 年版，第 96 页。

　　经过 30 多年休战后，进入 15 世纪，战争卷土重来。有着"伟大征服者"之称的英国君主亨利五世，1415 年率军在法国塞纳河口登陆，与法军在阿让库尔决战，结果大获全胜。乘胜追击的英军很快收复了诺曼底领地。1419 年，法国被迫签订《特鲁瓦条约》，不仅割让大片领地，而且同意亨利五世迎娶法王查理六世之女凯瑟琳，并在法王去世后继承其王位。① 1422 年，亨利五世病故，年仅 10 个月的亨利六世同时继承了英法两国王位。法国王太子表示不服，在布尔热宣布继位，称查理七世。在法兰西王位继承问题上，英法陷入对立，战火由此重新点燃。

　　1428 年，英军发起了新攻势，围攻南部要塞奥尔良，法国面临沦陷的危险。在奥尔良被围困的七个月间，法国民众爱国热情被激发出来。1429 年，出身于农家的少女贞德挺身而出，声称得到上帝授意去解救奥尔良，收复法国的领土，法国民众开始聚集在贞德麾下。在贞德率军驰援下，法军士气大振，奥尔良之围终于被解围。法军乘胜追击，一举收复了巴黎东北部的兰斯。在贞德陪同下，法国太子查理在此举行涂油加冕典礼。不幸的是，两年之后，贞德被俘获。1431 年，年仅 19 岁的贞德被绑在鲁昂旧市场的火刑柱上，以异端之名被活活烧死。② 贞德之死，激发了法国民众的爱国主义，

---

① ［美］克莱顿·罗伯茨等：《英国史》（上册），潘兴明等译，北京：商务印书馆，2013 年版，第 227 页。

② 蒋孟引主编：《英国史》，北京：中国社会科学院出版社，1988 年版，第 230 页。

图 1-3 圣女贞德被处以火刑

促进了法兰西民族意识的觉醒。特别是，此前为了一己私利而加入英军方面作战的勃艮第公爵，也顺应形势变化而抛弃了英格兰盟友。英军在法国战场上陷入孤家寡人境地，战局朝着有利于法国的方向发展。1436 年，法军将英军赶出了巴黎；1450 年，诺曼底被收复；1453 年，加斯科尼被收回。至此，除加莱以外，英王在法兰西的领地全部丧失，英法百年战争到此结束。

3. 战争与民族意识的觉醒

百年战争之前，英法还没有形成现代意义上的民族国家。此时，英格兰、法兰西仅仅是地理意义上的概念，英格兰人、法兰西人也只是指居住在这片土地上的人口，他们并没有形成现代意义上的国家认同。中世纪流行的是领地分封制，在土地的层层分封之下，人们形成的是对于领地及领主的认同，而不是对于君主或国家的认同。诺曼征服后，法国的公爵成为英格兰君主，是英格兰所有领主效忠的对象；但另一方面，英格兰君主在法国却享有诺曼底等领地，在极盛时期其领地甚至超过法国君主的保留领地。尽管如此，他却是法兰西君主的封臣，名义上要效忠于后者。对于英格兰君主所享有的法兰西领地上的民众来说，他们效忠的对象，却是作为法国封臣的英国君主，这确实是很荒谬的事情。

解决这个问题的关键，在于打破领地认同、形成民族国家认同，英法两国诉诸了战争方式。对于法兰西而言，通过战争方式收回领地，可以实现法兰西的政治统一，进而形成以君主认同为标志的民族国家；对于英国来说，出于经济及战略利益的考量，一方面要尽可能保留在法兰西的领地，另一方面要解决不列颠政治统一进程中法国对苏格兰的支持，为英国民族国家形成奠定基础。

民族意识的觉醒对于战争进程有着重要的影响力。百年战争，起初是一场英法之间为争夺大陆领地控制权的战争，但后期却演变成英格兰对于法兰西的征服战争。当法兰西领主和人民认识到这一切之后，爱国热情被激发，民族意识开始觉醒。圣女贞德的崛起，勃艮第公爵放弃与英国的结盟，就是法兰西民族意识觉醒的标志，最终促成了法兰西民族的反败为胜。

对于英格兰而言，虽然丧失了法兰西几乎所有的领地，但战争结束了诺曼王朝以来英格兰君主"跨海而治"的局面。[1] 英王被迫放弃法兰西的领地，也无法再觊觎法国王位，从而能更为专注于不列颠岛内部事务，并将其作为一个独立于法兰西的国家来治理。从语言文化上看，一度作为官方语言的法语，百年战争后，其地位走向没落；作为民族语言的英语，其地位显著提高。

总之，战争让英法两国更为深刻地意识到彼此间的民族差异，促成英法两国走上各不相同的发展道路。

---

[1]　孟广林、黄春高：《英国通史》（第二卷），南京：江苏人民出版社，2016 年版，第 128 页。

图例：
- 爱德华三世的进军路线 (1346年)
- 爱德华三世儿子黑太子的进军路线 (1356年)
- 法军进至普瓦提埃及退却路线 (1356年)
- 法国扎克雷起义区域 (1358年)
- 1360年英占区（根据布勒丁尼和约的规定）
- 1369—1377年间法国军队在陆地海上的主要进攻
- 英国瓦特·泰勒起义区域 (1381年)
- 亨利五世的进军路线 (1415年)
- 1429年英占区
- 贞德的进军路线 (1429年)
- 1453年英仍占地区

七 百 万 分 之 一

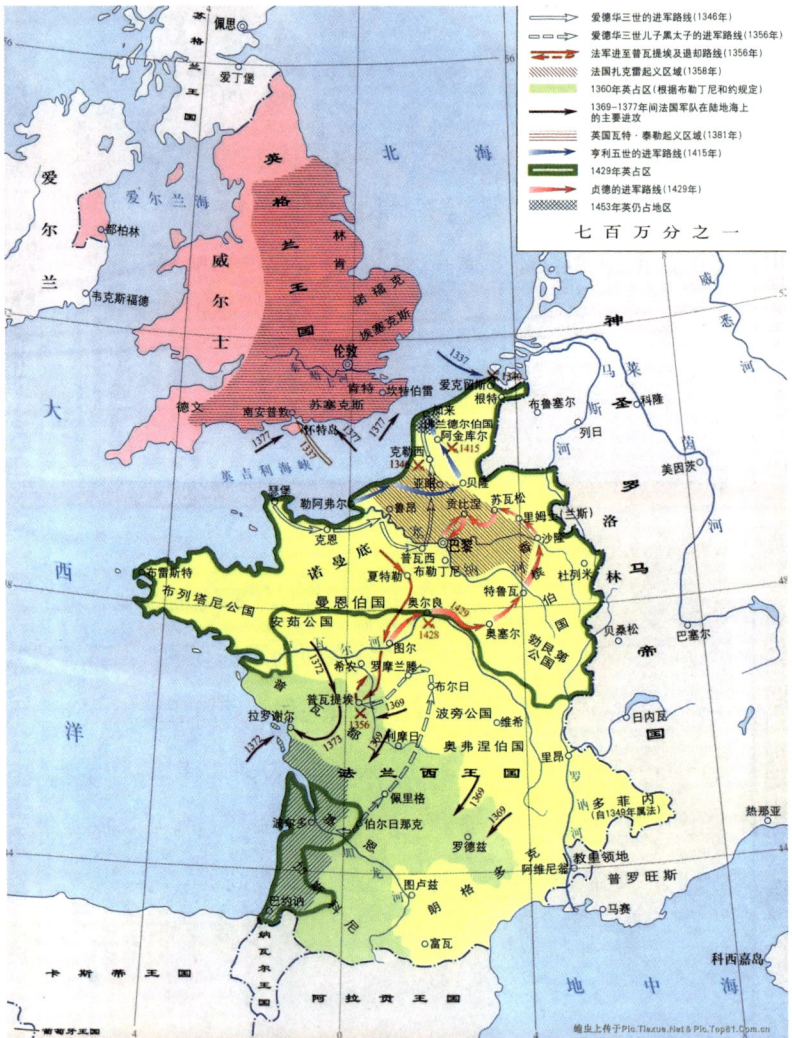

图 1-4　1337—1453 年英法百年战争

二、专制王权与岛国崛起

1485—1603 年间，英国结束了此前两个世纪长期的战乱局面，形成了民族国家，建立了专制王权。都铎王朝的几任专制君主，在新兴阶层支持下，采取了一系列振兴国家的举措。亨利七世对内平定贵族反叛势力，对外致力于与欧陆大国西班牙、法国修好，为国家崛起开创了有利条件。亨利八世则借助离婚案，推行宗教改革，与罗马教廷决裂，确立起王权对教权的控制，摆脱了英国崛起中外来因素的干扰。伊丽莎白一世对内确立起安立甘教的国教地位，对外谋求殖民扩张，通过击败西班牙"无敌舰队"，英格兰开始在欧洲政治舞台上崛起。

1. 亨利七世开创新王朝

英国近代史的开端，是 1485 年亨利七世所开创的都铎王朝，都铎王朝建立在红白玫瑰战争的废墟基础之上。1455—1485 年间，以白玫瑰为族徽的约克家族与以红玫瑰为族徽的兰开斯特家族，为争夺王位控制权而进行了一场长达三十年的鏖战。这场战争是贵族势力之间的一场消耗战，贵族集团两败俱伤。1485 年，亨利·都铎，这位来自兰开斯特家族的远亲，率军在博斯沃思战役中，战胜了约克王朝的理查三世，建立起都铎王朝，结束了延续几十年的战争局面。

为铲除贵族分裂势力，消除对王位的潜在威胁，亨利七世称王后，以冷酷心态严厉镇压反对派势力。1485 年，他将爱德华四世的侄子、年仅 10 岁的沃里克伯爵囚禁在伦敦塔，数年后又将其秘密处死。1486 年，亨利七世迎娶爱德华四世的女儿、约克家族的伊丽莎白公主，不仅通过联姻方式消除了两大家族之间的积怨，而且增强了其王位的合法性。也就在同一年，约克家族的林肯伯爵、罗弗尔勋爵等支持的假沃里克伯爵发起大规模叛乱，直到数年以后才被镇压下去。当约克家族男嗣断绝后，对于王位的威胁才彻底消除。

在外交上，亨利七世谋求与周边国家建立良好关系，联姻成为其中的重要手段。1501 年，亨利七世通过外交斡旋，安排太子阿瑟与西班牙阿拉贡王室的凯瑟琳公主结婚。当五个月后阿瑟去世，他又安排次子亨利与长他 6 岁的寡嫂成婚，以获取西班牙的外交支持。1503 年，亨利七世又安排将 14 岁的公主玛格丽特嫁给苏格兰国王詹姆斯四世，终结了英苏之间的长期争战，为两个王国的和平发展创造了条件。亨利七世还着力修复与法国的关系。法国吞并布列塔尼一度引发两国危机，但最终签订了《埃塔普勒条约》。根据规定，英国终止对于法国王位及领土的要求，保证彼此不支持对方的敌人，两国臣民平等通商，法王向英国提供经济补偿。[①]

当内部叛乱被镇压、外部威胁消除后，亨利七世采取了一系列强化王权的举措，建立起"崭新的王权大厦"。[②]由于王室领地的扩充及财政收入的增加，亨利很少召开议会获取补助金，24 年中仅召开 7 次议会，议会地位由此被边缘化。在中央政府，亨利大量任用新兴的中间阶层进入官僚队伍，减少对于贵族阶层的依赖；在地方上，贵族的私人武装被取缔，受命于王权的治安法官成为维护地方治安、稳定社会秩序的重要力量。亨利七世的内外政策，为 16 世纪初英格兰民族国家的崛起奠定了基础。

2. 亨利八世与宗教改革

1509—1547 年的 38 年间，是亨利八世在位时期。亨利八世时期的王权空前强化，并且向教权发起了挑战。通过离婚案引发的宗教改革，亨利八世实现了与罗马教廷的决裂，确立起在教俗两界的

① 姜守明等：《英国通史》（第三卷），南京：江苏人民出版社，2016 年版，第 6 页。
② ［英］大卫·格拉米特：《玫瑰战争简史》，廖艺译，北京：化学工业出版社，2017 年版，第 143 页。

王权至尊地位。

亨利八世一生娶了六位妻子，可以称得上是一位"风流国王"。在年轻时期，亨利八世生活就比较放荡。他白天沉迷于骑马、狩猎、放鹰、摔跤，晚上则在宴会、赌博、狂欢、酒色中度过。以至于当时流行着这种说法："国王是这样一个年轻人：他肆意挥霍着父亲

图1-5 亨利八世与其六位妻子

的遗产，除了女人和狩猎，他什么都不放在心上。"[1]但很少有人能料到，进入中年后的亨利，却以超人的胆识与魄力，与罗马教廷决裂，开启了英格兰的宗教改革。

进入16世纪后，随着民族意识的增强，英格兰的反教权主义不断高涨，这是因为：（1）教会占有的地产达到全国三分之一，滥征的税收远超过王室收入，教会坐享其利的行为引发人们不满；（2）教士阶层生活腐化，纳妾、宿娼、通奸、酗酒等现象层出不穷，敲诈勒索、出售假冒圣徒遗物、招摇撞骗等劣迹斑斑，人们对教会的贪婪与腐败深恶痛绝；（3）教会滥用司法权威，教会法庭不仅管辖教士，也审理普通信徒的相关案件，世俗法庭则无权过问。在教会日益腐化、人民不满高涨之际，亨利八世的离婚案成为英格兰宗教改革的导火索。

早在继承王位之前，亨利八世就遵从父命，娶其寡嫂凯瑟琳为妻。但在长达25年的婚姻中，他们虽然共育有五个孩子，但仅有玛丽公主存活下来。年过四旬的王后已过育龄，难以再生育子女，亨利八世获取男性王位继承人的希望越来越渺茫。恰逢此时，亨利八世疯狂地爱上了凯瑟琳的侍女、年轻漂亮的安妮·博林，他希望与博林结婚，并渴望博林能为其生下男性王位继承人。

---

[1] ［美］克莱顿·罗伯茨等：《英国史》（上册），潘兴明等译，北京：商务印书馆，2013年版，第227页。

要实现这个目标，首要就是要解除与凯瑟琳的婚约，离婚案由此发生。

从1527年起，亨利八世就开启了艰难的离婚程序，但这桩此前得到教皇批准、延续了20多年的婚姻要想终结，首先要得到教皇同意，而这确实比登天还难。当时，王后凯瑟琳的外甥、神圣罗马帝国皇帝查理五世率军洗劫了罗马，并囚禁了教皇克莱门特七世。对于亨利八世欲抛弃其姑母的行为，查理五世怒不可遏。寄人篱下的教皇克莱门特更不敢贸然批准亨利的离婚诉求，转而采取拖延战术。离婚案拖延数年之久，亨利一度以停止向罗马教廷缴纳年金来威胁，但均未奏效。情急之下，亨利接受了新教改革家的建议，决定与罗马教廷决裂，推行宗教改革。

1529—1536年间，亨利八世召集议会，推行一系列宗教改革法令，旨在摆脱罗马教廷对英国教会的控制。1533年，亨利与凯瑟琳的婚姻被英国教会法庭宣告无效，主教克莱默奉命主持了亨利与博林的婚礼，后者被加冕为英国王后。议会还通过诸多法令，来确保英国教会的独立地位及王权对教会的控制。如《首岁教捐法》规定，教士任职第一年的全部收入不再交给罗马教廷，而是上缴英国国王;《禁止上诉法》规定，英国境内有关遗产继承及婚姻等案件的审理，不再上呈罗马教廷。《至尊法》规定，国王及其继承者是英格兰教会的最高领袖,由此确立了改革后英国教会的民族属性。《叛逆法》规定，任何侵犯国王权威、否认国王为教会最高领袖、诽谤国王为异教徒者，均属叛逆罪。①《解散修道院法》，则成为没收罗马教廷在英国所有地产的利器。

通过宗教改革，亨利八世不仅解决了个人婚姻问题，而且创建起独立于罗马教廷并受控于君主的国教会，从而结束了中世纪以来长期的政教分离局面。作为教俗两界最高权威的亨利八世，开始带领英格兰向朝气蓬勃的现代民族国家迈进。

3."童贞女王"引领英国崛起

"我已经嫁给了英格兰整个国家；我只是妇道人家，但是我有着囊括四海的帝王胸怀，一个英格兰王应有的胸怀。"这段充满深情的表白，是在议会多次催婚论嫁之后，由都铎王朝末代君主伊丽莎白一世作出的。年幼时命运多舛的伊丽莎白，在国家处于内外交困之际临危受命、继承王位。但通过半个世纪的统治，这位为了民族国家利益而终身未嫁的"童贞女王"，却缔造了英格兰空前的团结与繁荣，并将这个小小岛国带入到欧洲强国之列。伊丽莎白为亨利八世与其第二任妻子安妮·博林所生，由于其父母的婚姻未得到罗马教廷的认可，天主教界一直称伊丽莎白为私生子，更不愿意承认其王位继承权。更不幸的是，在其不到三岁时，母亲由于失宠而

① 高岱：《英国通史纲要》，合肥：安徽人民出版社，2002年版，第183页。

被父亲以叛逆罪处死。在宫廷中长大的伊丽莎白，自幼受到良好的教育，可以说写英语、法语、意大利语、西班牙语、拉丁语、希腊语六种语言。在宗教信仰上，与其同父异母的姐姐玛丽信仰的天主教不同，伊丽莎白与王子爱德华成长为一名新教徒。1547 年亨利八世驾崩后，爱德华王子与玛丽公主先后继位。在此十余年间，国内的新教与天主教之间的教派冲突愈演愈烈，对外与苏格兰、法国、西班牙的关系紧张、战事不绝。当 1558 年玛丽病逝时，留给伊丽莎白的是一个内忧外患的英格兰。

  继位之后，伊丽莎白首先面对的就是宗教纷争问题。玛丽统治时期的宗教压迫政策被废除，流亡在欧洲大陆的 800 多名新教徒纷纷回国，得到了安抚和任用。女王还通过议会立法形式来化解宗教冲突。《至尊法》确保了女王在教俗两界的至尊地位。《叛逆法》则将任何攻击王位合法性及王权至尊的言行视为叛逆。《39 条教规》则将国教的教义与信条全面推行。① 当愤怒的教皇宣布将伊丽莎白清除出教后，女王则针锋相对，禁止教皇的任何训令进入英国。至此，安立甘教成为英格兰的国教，英国宗教改革到此结束。

  伊丽莎白还利用娴熟的外交策略，协调与周边国家的关系。1560 年，英格兰、法国与苏格兰签订《爱丁堡条约》，规定所有英法军队从苏格兰撤出，苏格兰交由贵族议会掌控。这一条约确保了

---

①   仇振武：《不可不知的英国史》，武汉：华中科技大学出版社，2019 年版，第 61 页。

英格兰的后院安全，为不列颠岛带来一个世纪的和平，并为其最终实现政治统一铺平了道路。[①] 不过，英国与西班牙之间的矛盾却日趋激化。西班牙的腓力二世曾向伊丽莎白求婚，但由于担心英西联姻的不利影响，女王一直采取拖延战略，英、西矛盾日益突出。1568 年，被废黜的苏格兰女王玛丽逃到英格兰避难，被伊丽莎白软禁 19 年。天主教徒认为玛丽是合法的王位继承者，拥戴其继承英格兰王位，并得到西班牙支持。两国在尼德兰问题上也陷入对抗。英格兰派兵支持尼德兰革命，反对西班牙统治，激化了已有的英西矛盾。在海外殖民方面，英国海盗在大西洋上劫掠西班牙商船，侵扰西班牙的美洲殖民地。海盗德雷克率领的舰船在美洲抢劫西班牙商船、获得大量金银而返回英伦后，伊丽莎白亲自登船迎候并册封其为爵士，西班牙人对此恨之入骨，称伊丽莎白为"海盗女王"。

1587 年，被囚禁的苏格兰玛丽，因参与谋杀女王的阴谋败露而被处死，这成为英西战争的导火索。1588 年，西班牙西多尼亚公爵指挥 130 多艘舰船、2 万多人的"无敌舰队"，浩浩荡荡地开赴英吉利海峡。在德雷克领导下的英军，则利用装备远程大炮的快速灵活的小船，借助天时地利人和之便利，向劳师远征的"无敌舰队"发起了猛烈的火攻。西班牙舰队猝不及防，队形大乱。还未与

---

① ［美］克莱顿·罗伯茨等：《英国史》（上册），潘兴明等译，北京：商务印书馆，2013 年版，第 339 页。

图 1-6 "童贞女王"伊丽莎白一世

英舰近距离交战，西班牙舰队就被击溃了。此役西班牙舰船损失过半，5 000 多名士兵葬身大海，"无敌舰队"不可战胜的神话被英国人打破，这"是西班牙优势地位的终结，是英国在国际政治中走向强盛的开端"①。进入 17 世纪,强大的英格兰开始崛起于欧洲政治舞台上,但 1603 年, 70 岁的女王却与世长辞。伊丽莎白为国家鞠躬尽瘁, 终身未婚, 都铎王朝断嗣而终。英格兰王位传给了玛丽之子、苏格兰君主詹姆斯一世。随着斯图亚特王朝入主英格兰, 内战与革命交替的动荡时代拉开了序幕。

---

① [美]罗宾·W. 温克、L. P. 汪德尔:《牛津欧洲史》(第 1 卷), 吴舒屏等译, 长春: 吉林出版集团有限公司, 2009 年版, 第 261 页。

三、工业与帝国铸就霸权

作为一个小小岛国，英国在 19 世纪中叶确立起全球性霸权，而霸权的建立与维持依靠两大支柱：工业文明与"日不落帝国"。在开创工业文明、建立帝国方面，英国为何能领先于其他欧陆强国呢？这是因为，通过 17 世纪的内战与革命，英国在世界上率先建立起现代政治体制，即君主立宪制。稳定的政治秩序及宽松自由的环境，为工业革命及帝国创建提供了坚实的保障。

1. 君主立宪的确立

在欧洲各国中，英国率先克服专制王权，确立君主立宪的现代政体，为工业革命及对外扩张提供了相对稳定而自由的政治环境。斯图亚特王朝统治时期的 17 世纪，君主与议会之间的权力争夺进入到白热化阶段，这成为专制王权覆灭前的回光返照。经历 1642—1649 年内战后，国王查理一世被推上断头台，专制王权被推翻，英国迎来了共和时代。不过，作为护国公的克伦威尔，却披着共和的外衣，实施赤裸裸的军事独裁。在其去世后，流亡在外的查理二世被迎回国，斯图亚特王朝开始复辟。到 17 世纪末，当詹姆斯二世走向专制，其倒行逆施及恢复天主教而引发众叛亲离时，英国人并未诉诸武力。英国通过和平的、不流血的光荣革命，赶走了年迈的国王詹姆斯二世及其幼子，迎接国王的女婿、女儿，即信奉新教的荷兰执政威廉、玛丽夫妇入主不列颠，继承英国王位。新君入主英国后，议会随即通过《权利法案》，从各方面来限制君权，确立议会的主权地位。玛丽和威廉加冕时宣誓"依据国会同意的法规执政"①。至此，英国君主专制走向终结，君主立宪制得以确立。

　　光荣革命后的一个半世纪中，王权逐渐衰落，虚君制处于形成之中。这一方面是由于议会借助对财政大权的控制而一再通过限制王权的法案，另一方面则在于汉诺威王朝前两位君主，即乔治一世和乔治二世对于政治的漠不关心。尽管 1760 年乔治三世继位后王权一度膨胀，甚至建立"国王之友"内阁，但这只不过是王权衰落前的回光返照而已。君主否决权丧失是王权衰落的重要标志。1707年，斯图亚特王朝末代君主安妮女王否决了苏格兰民兵法案，这是英国君主最后一次行使否决权，此后，"国王的否决权变成了一项

---

① 邱翔钟：《权贵英国》，上海：上海人民出版社，2016 年版，第 145 页。

图 1-7　议会向威廉和玛丽宣读《权利法案》

有名无实的虚权"①。

在王权衰落的同时，贵族控制下的议会，权力则呈现上升态势。

①　程汉大：《英国政治制度史》，北京：中国社会科学出版社，1995 年版，第 207 页。

英国议会分为上下两院，上院为贵族院，由世袭的教俗贵族所掌控；下院为由选举产生的平民院，但1429年《选举法》所确立的土地财产资格，保证了土地贵族对下院的控制。这样一来，在工业化催生现代社会两大阶级——资产阶级与工人阶级之前，作为社会精英的贵族阶级，实现了对国家政权的掌控。在英国议会中活跃的是两大政党——辉格党与托利党，两党通过竞选来争夺下院席位，占据议席多数的政党奉命上台组阁，党魁则担任首相职务。英国历史上的第一位首相是罗伯特·沃尔波尔，1721—1742年间，他掌控内阁权力长达21年，成为英国历史上在任时间最长的首相。随着责任内阁制的形成，首相的权力越来越大，君主沦为只具有象征性权力的国家元首。

总之，光荣革命后，随着议会主权制的确立，国家的政治权力逐渐从君主转移到贵族阶层手中。社会精英对权力的掌控以及两党制下的权力更替，营造起相对宽松而自由的政治环境，为英国的崛起创造了条件。

2. 工业文明的辉煌

作为世界上第一个工业化国家，英国所开启的工业革命，是一种典型的经济制度创新，它不仅使得这个面积小、人口少的岛国一跃成为世界上最富裕、最强大的国家，而且引领人类社会从农业文明向工业文明迈进。

英国工业革命，首先是从技术变革开始的，而工业化时期的各项技术发明，几乎是作坊或工场里的产物；发明创造者也是处于生产一线的能工巧匠。技术变革首先出现在纺织行业，以湍急的水流作为动力，阿克莱特发明了水力纺纱机，并于 1769 年在克隆普顿创办第一家使用机器动力的纺纱厂，由此被誉为"近代工厂之父"。1785 年，卡特赖特发明了水力织布机，织布效率提高了 40 倍，纺纱与织布行业的有效平衡被建立起来。

不过，工业革命时期最伟大的发明，当数 1782 年詹姆斯·瓦特所研制的复动式蒸汽机。这种蒸汽机以蒸汽取代水力作为动力，具有能耗量低、安全可靠等特点，可以安置在任何地方，从而能够突破地域限制而实现最大程度的优化组合。[①]18 世纪末到 19 世纪初，蒸汽机在纺织、煤矿、冶金、造船等行业逐步推广，大大提高了各行业的生产效率。直到 19 世纪中叶，蒸汽机才取代水力机而占据主导地位。

蒸汽机的发明还带来了交通运输业革命。1814 年，斯蒂芬森发明了蒸汽机车，并在铁轨上运行成功。1825 年，达林顿—斯托克顿铁路建成通车，开启了铁路时代的大门。1830 年，利物浦—曼彻斯特铁路建成通车，由斯蒂芬森的"火箭号"蒸汽机车牵引，

---

① 王觉非主编：《近代英国史》，南京：南京大学出版社，1997 年版，第 237 页。

时速达到 30 英里（48 千米）。随后，各城市之间的铁路线开始修建起来，促进了国内人员及商品的流通。这意味着，继人类进入蒸汽时代后，铁路时代又到来了。

工业革命释放了劳动生产率，创造出惊人的社会财富。在 19 世纪 100 年间，英国煤炭产量增长 20 倍，生铁产量及原棉进口量增长 30 倍。到 19 世纪中叶工业化完成时，英国的煤、铁产量占世界的 2/3，棉布产量占世界的 1/2，英国是当时世界上唯一的钢铁及机械设备出口国。物质财富的空前增长，充分满足了本国的消费需求，很多此前只为贵族阶层所享有的奢侈品，由于批量生产及价格走低，而进入到寻常人家。英国产品丰富及大众化程度发展到如此之高的程度，以至于一位法国游客感慨道："像英国这样一个贵族的国家却成功地为人民提供物品，而法国这样一个民主国家，却只会为贵族而生产。"[①]

不仅如此，英国的工业品还在自由贸易的旗帜下，源源不断地销往世界各地。英国的工厂日夜开工，车船四处奔忙，庞大的远洋舰队将工业品输送到世界各个角落，又将各种原料运回英国进行加工。英国成为名副其实的"世界工厂"，全球性工业霸权由此建立起来。

---

① ［英］阿萨·勃里格斯：《英国社会史》，陈叔平译，北京：中国人民大学出版社，1992 年版，第 230 页。

1851 年在伦敦水晶宫召开的第一届世界博览会上，英国向世界各国展示工业文明的成就。水晶宫内 1.4 万件展品中，英国提供的工业展品约占一半，其中包括水力纺纱机与织布机、蒸汽机、水压机、汽船模型等，这代表着未来工业的发展方向。举办世界博览会的构想来自于维多利亚女王的丈夫阿尔伯特，女王专门出席了 5 月 1 日的博览会开幕式。

成千上万的英国人参观后，无不为国家强盛而感到骄傲与自豪。夏洛蒂·勃朗特在五次参观博览会后写道："这里的工业产品相当

图 1-8　维多利亚女王出席世界博览会

于阿拉伯的大集市，因为只有用魔法才能让世界各地的货物全集中在这里。工业资本主义的力量，犹如一双超自然的手，将这次博览会的展品装扮得色彩缤纷、魅力四溢。"① 通过举办伦敦首届世界博览会，英国不仅向世界各国展现了工业化的创造力，而且宣告了其所建立的全球工业霸权。

3. 变迁中的大英帝国

在人类历史上，曾经诞生过许多地区性或世界性帝国，但从其所覆盖范围及影响力来看，还没有哪个帝国能与大英帝国相提并论。从 15 世纪末英国在海外的开疆拓土，到 19 世纪末"日不落帝国"的巅峰，大英帝国随着形势的变化经历了一个变迁的过程。

大英帝国的历史始于何时？这一点学界并未形成共识，有人将其追溯到 1497 年约翰·卡伯特代表英王亨利七世声称对纽芬兰岛拥有主权，也有人将其追溯到 1607 年约翰·史密斯带领 104 名清教徒来到弗吉尼亚，并建立起北美的第一个永久性殖民据点詹姆斯敦。② 从 15 世纪末到 1688 年光荣革命，是大英帝国的酝酿阶段。

---

① ［美］托马斯·麦格劳：《现代资本主义——三次工业革命中的成功者》，赵文书、肖锁章译，南京：江苏人民出版社，1999 年版，第 56—57 页。
② ［英］P. J. 马歇尔：《剑桥插图大英帝国史》，樊新志译，北京：世界知识出版社，2004 年版，第 4 页。

1689 年英国君主立宪制确立后，国家主导下的殖民扩张与殖民战争接连不断，大英帝国才在腥风血雨中诞生。

从 1689 年开始，以 1783 年北美殖民地独立为标志，大英帝国分为前后两个阶段。1783 年前的大英帝国，以北美殖民地为中心，通常称为重商帝国、第一帝国或有形帝国；1783 年后的大英帝国，以印度为中心，通常称为自由帝国、第二帝国或无形帝国。

第一帝国是在重商主义指导下所开创的，在建立重商帝国道路上，继 1588 年重创西班牙"无敌舰队"后，17 世纪中后叶又通过三次战争打败了"海上马车夫"荷兰，此后与法国开始了长期的殖民争霸。1702—1713 年的西班牙王位继承战争，英国大获全胜，由此占领了直布罗陀、梅诺卡岛以及北美的哈德逊湾流域、新斯科舍等。1756—1763 年的七年战争，成为英法争夺殖民地及商业霸权的总决战。英法两国在北美、印度展开了激烈争夺，结果英国获得决定性胜利。根据《巴黎和约》，英国占领加拿大及密西西比河以东地区，法国在北美的势力被清除；英国还得到加勒比海的多座岛屿，西非的塞内加尔也纳入囊中；除了几个殖民据点，法国在印度的殖民势力几乎被清除。[①] 至此，以北美为中心的第一帝国建立起来。

在构建第一帝国进程中，英国争夺殖民地，目的绝不是发展殖

---

① 钱乘旦、许洁明：《英国通史》，上海：上海社会科学院出版社，2017 年版，第 202 页。

民地，而是从殖民地攫取商业利益，它要求殖民地提供市场和原料，为母国的经济发展服务。作为母国，英国早在1651年就颁布《航海条例》，限制其他国家与英国殖民地之间的贸易，实现了航海贸易的垄断权。第一帝国好景不长，1783年，随着民族意识的增强，北美殖民地获得独立地位，重商帝国宣告瓦解。英国被迫调整帝国的经济中心，并将其转移到印度，旧帝国向新帝国转型，自由帝国处于形成之中。①第二帝国即自由帝国的形成，几乎与英国工业化同步，自由主义理论成为构建帝国的指导思想。英国打着"自由贸易"的旗帜，秉承"贸易优先于统治"的原则，在海外展开了新一轮的殖民争夺。1793—1814年间，英国组织起七次反法联盟，与法国展开了20年的激战。坚实的经济后盾、强大的海军，确保了英国的胜利。特拉法加大海战中法国的惨败，奠定了英国的海上霸主地位；滑铁卢战役，使法国丧失了欧陆的控制权。根据《巴黎和约》，英国还获得法国在印度洋、加勒比及南亚的殖民地，控制了南非的好望角。据此，英国建成了地处数洲的殖民帝国。从18世纪末起，英国加强了对印度的殖民扩张。至19世纪中叶，英国几乎控制了印度全境。此外，欧洲大陆、加拿大等均处于英国殖民统治之下。极盛时期的英帝国，其领土面积及人口数量约占世界的1/4，其属地几乎跨越世界24个时区，成为名副其实的"日不落帝国"。

---

① 张亚东：《英帝国史》（第三卷），南京：江苏人民出版社，2019年版，第978页。

维系庞大帝国的，与其说是强大的英国海军，倒不如说是英国所构建的以自由贸易为基础的世界经济体系。已经完成工业化的英国成为体系的中心，而广阔的殖民地则沦为原料产地及工业品销售市场。1865 年，经济学家杰文斯自豪地写道："北美和俄国的平原是我们的玉米地，加拿大和波罗的海是我们的林区，澳大利亚是我们的牧场，秘鲁是我们的银矿，南非和澳大利亚是我们的金矿，印度和中国是我们的茶叶种植园，东印度群岛是我们的甘蔗、咖啡、香料种植园，美国南部是我们的棉花种植园。"这成为"日不落帝国"的生动写照。

图 1-9　1886 年的"日不落帝国"

四、霸权的陨落及其思考

如同大海中起伏涨落的潮汐一样，霸权的衰落与其兴起一样，有着不可改变的历史规律。对于英国来说，也是如此。19 世纪中叶，英国依靠工业文明的优势、大英帝国的辉煌而建立起单一性世界霸权，并维系霸权长达一个世纪。所谓"成也萧何，败也萧何"。当霸权的根基逐渐被侵蚀时，霸权的陨落则难以避免。19 世纪后半叶第二次工业革命中，美、德等国开始崛起，对英国实现赶超，英国工业霸权被美国所取代。战后民族主义及非殖民化浪潮的兴起，最终瓦解了人类历史上最庞大的"日不落帝国"。英国从世界霸主的宝座上跌落，沦为一个二流国家。

1. 工业霸权的丧失

英国是第一次工业革命的领头羊，将其他国家远远地甩在后面。但世易时移，在 19 世纪 60 年代至 20 世纪初的第二次工业革命中，作为科技革命中心的德国、美国、法国等取代英国成为引领者。英国"世界工厂"的地位遭遇挑战,工业霸权逐步被新兴的美国所取代。

19 世纪后半叶,自然科学研究取得重大进展,各种新技术、新发明层出不穷,逐渐运用到工业生产领域,由此催生了第二次工业革命。在第一次工业革命中,蒸汽机将人类带入到全新的蒸汽时代;而在第二次工业革命中,新的技术发明涉及多个领域,但其中最重要的当数内燃机、电能与电力的发明。19 世纪 60 年代后,德国人奥托与狄塞尔发明与改进了内燃机,随即触发交通革命:德国人戴勒姆、本茨分别制造出世界上第一辆摩托车与汽车,而美国的莱特兄弟研制的飞机在 1903 年试飞成功。利用电磁学原理,美国人莫尔斯、贝尔分别发明了电报、电话。德国人西门子、美国人爱迪生发明了发电机、电灯,电力在生产与生活领域广为运用,人类从蒸汽时代进入电气时代。可以发现,此时的诸多重大科技发明中,曾经在第一次工业革命中引领潮流的英国人,现在却难以见到其身影。由此,在 19 世纪末涌现出来的电力、石油、化工、电讯、汽车等新兴产业中,英国却全面落伍了。即便在传统的煤炭、钢铁等行业,英国衰退迹象也非常明显。英国煤、铁产量在 19 世纪中叶曾占世界总产量的 2/3,但到 20 世纪初,其煤炭产量约为美国的一半,钢铁含量也落后于美、德两国。作为老牌的资本主义国家,英国的"世界工厂"地位开始被美国所取代。1894 年,美国的工业生产总值开始超过英国。从英美两国在世界工业中所占份额来看,英国在 1870 年巅峰时期占 32%，1913 年下降到 14%，1930 年为 9%；同期美国所占份额从 23% 增长到 38%，后又升至 42%。[1] 美国在世界范围内的工业霸权确立了起来。

第二次工业革命后，英国经济霸权的削弱直至 20 世纪的丧失，是多种因素作用下的结果。第一代工业主勤奋、创新的企业家精神，没有被很好地继承下来，而安于守成的保守主义心态在社会上蔓延，促使英国人不愿意在新领域、新行业去开拓与探索，新技术革命被后来者反超成为必然。英国教育体系中对科学、工程、技术方面的轻视，以及科技在生产转化方面的障碍，很大程度上也制约着经济的发展。英国大学对于人文、神学、数学等传统学科的重视，以及对于工程、技术学科的忽视，与德国形成了鲜明的对比。

例如，英国在 19 世纪 50 年代曾先研制出人工合成染料，但一直未大规模投入生产；此后短短 30 年间，德国后来居上，以至于英国不得不从德国进口染料，并出口其作为原材料的焦炭给德国。国内投资的不足及经济结构未能调整同样值得关注。英国拥有广阔的殖民地，资本家宁可将资本投入殖民地获取稳定利润，也不愿将其投入可能蕴含一定风险的新兴行业；而新兴行业由于缺乏资本扶植而难以发展，传统产业的改造及升级换代也障碍重重。在第二次

---

[1] ［法］米歇尔·博德：《资本主义史 1500—1980》，吴艾美等译，北京：东方出版社，1986 年版，第 155—157 页。

图 1-10　19 世纪末的剑桥大学

工业革命中，英国创新力的丧失以及德、美的迎头赶超，决定其不可避免地走向衰落。

2. 走向瓦解的帝国

1901 年，新的世纪拉开了帷幕，而一场有史以来最为隆重的葬礼却在英国举行。统治英国长达 64 年的维多利亚女王去世，以繁荣与霸权为标志的维多利亚时代宣告终结。此时，不仅英国的工业霸权已一去不复返，而且在象征着辉煌与荣耀的"日不落帝国"，米字旗一次次地降落，曾经不可一世的大英帝国，无可挽回地走上瓦解之路。

在 19 世纪后半叶，帝国内部的离心倾向不断增强，这首先从白人移民殖民地开始。在英属加拿大，要求建立具有自治权的责任制政府的呼声高涨。1867 年，加拿大成为英帝国内第一个自治领。进入 20 世纪后，澳洲开始步其后尘。1901 年及 1907 年，澳大利亚与新西兰也获得自治领地位。布尔战争后形成的南非联邦，在 1910 年也获得自治领地位。[①] 为协调与自治领的关系，1926 年帝国会议通过一项宣言：英国被迫承认自治领在内政外交上的独立地位，仅在防务上依赖英军的保护，各自治领是自由结合的英联邦成

---

① 王觉非主编：《近代英国史》，南京：南京大学出版社，1997 年版，第 683—687 页。

员，共同效忠于英王。该宣言于 1931 年以《威斯敏斯特法案》在英国议会通过，也被称为"英联邦大宪章"。第一次世界大战后，尽管因接管战败国殖民地而使帝国版图空前扩大，但这无疑成为帝国瓦解前的回光返照。丧钟的敲响首先从爱尔兰开始。从历史上看，爱尔兰是英国在海外开拓的第一块殖民地，但 1801 年英爱合并后，爱尔兰民族情绪高涨。1916 年大战期间，都柏林爆发了民族起义，结果遭到镇压。战后经过两年多交战，南部爱尔兰 26 郡宣告独立，成立爱尔兰自由邦，这成为帝国瓦解的开始。与此同时，作为帝国中心的印度，甘地领导的意反殖民统治为目标的非暴力不合作运动风起云涌，不断冲击着帝国的根基。

第二次世界大战后，除了英国地位衰落这一内因，三大外部因素促成英国殖民体系的迅速瓦解。战后的印度、埃及、马来亚、塞浦路斯等，民族解放运动的星星之火已成燎原之势，从殖民地撤退并承认其殖民地独立，成为英国维持颜面的务实选择。战后美国的压力也迫使英国做出让步。1918 年美国总统威尔逊提出的民族自决原则被继任者罗斯福所接受，1941 年美英发表联合作战的《大西洋宪章》时，美国坚持保留民族自决条款，这成为战后殖民地追求独立的思想武器。1960 年联合国大会通过的《非殖民化宣言》，规定宗主国应采取各种步骤，无条件地将所有权力移交给非自治领土人民，使其享有完全的独立与自由。这意味着，瓦解与终结帝国已成为国际社会的共识。

图 1-11 1947 年尼赫鲁宣布印度独立

帝国大厦在二战后迅速崩塌。在亚洲，有着"王冠上的宝石"之称的印度，反英斗争在战后达到高潮。1947年，英国被迫承认印度独立，南亚次大陆诞生了印度和巴基斯坦两个独立国家，"日不落帝国"失去了中心。1957年，经过12年斗争后，马来亚宣告独立。在非洲，1922年就已获独立地位的埃及，在1956年宣布收回苏伊士运河的主权，结果遭到英国侵略。但在埃及奋勇反抗以及国际社会的压力下，英国被迫撤军，这成为帝国瓦解的助推器。

进入60年代后，一股谋求独立的变革之风吹遍亚非大陆，越来越多的殖民要求摆脱殖民统治。正如保守党首相麦克米伦在演说中指出："变革之风已经吹遍了这个大陆，不管我们喜欢不喜欢，民族意识的这个增长是个政治事实。我们大家都必须承认这是事实，并且在制定国家政策时把它考虑进去。"[①]基于此，英国加速了从殖民地撤退的步伐。1960年，被英军作为军事基地的塞浦路斯宣告独立。中东的科威特、阿曼、卡塔尔等国随后也建立起独立国家。在非洲，继50年代苏丹、加纳独立后，60年代，索马里、尼日利亚、乌干达、肯尼亚、塞拉利昂、赞比亚等相继独立，至1980年，英国在非洲最后一块殖民地津巴布韦也获得独立。此外，加勒比地区的牙买加、圭亚那、巴哈马、格林纳达等，以及大洋洲的瑙鲁、汤加、

① ［英］哈罗德·麦克米伦：《麦克米伦回忆录》，山东大学外文系翻译组译，北京：商务印书馆，1976年版，第190页。

斐济等岛国，也走上了独立之路。①1997 年，被英国殖民 150 多年的香港也回归到中国的怀抱。如今，除了直布罗陀、马尔维纳斯群岛、百慕大群岛、开曼群岛等海外领地外，英国已丧失所有殖民地。帝国及其荣耀，只能残留于英国人的记忆深处。

3. 霸权兴衰的思考

从英国的历史发展进程中，不难勾勒出一条清晰的"兴衰曲线"。作为欧洲大陆西端的小小岛国，地理位置上的边缘性，一方面使得它难以发展出自身的文明，另一方面又不断遭到其他民族的侵略，而接受外来文明的洗礼。从公元 1 世纪起，罗马人占领并统治不列颠达四个世纪之久。内部分裂与战乱局面，引来了维京人，即丹麦人与挪威人的入侵，丹麦人一度在英格兰建立起自己的王朝。直到 1066 年诺曼征服后，大陆封建文明才在不列颠生根发芽，英国与欧陆大国的联系建立起来。

民族国家的形成是强国崛起的根基，百年战争结束了英法之间的恩怨与纠葛，英吉利民族开始形成。15 世纪的红白玫瑰战争是约克家族与兰开斯特家族这两大贵族集团之间为争夺王位而发生的内讧，贵族势力在三十年间消耗殆尽，这为都铎专制王权的确立奠

① 高英彤：《帝国夕阳——日渐衰微的不列颠》，长春：吉林人民出版社，1998 年版，第 68 页。

定了基础。都铎君主对内实行重商主义，对外推行殖民扩张，英格兰开始向欧洲强国迈进。但在欧洲列强纷争中，要想成就霸业，还必须把握机遇、占尽先机。

在 17 世纪，"生而自由"的英国人，在议会领导下与王权进行了激烈交锋，最终以光荣革命方式在 1689 年确立了君主立宪制，开启了政治现代化的大门。现代政治制度的基本要素，如议会制、内阁制、政党制、君主立宪制等都发端于英国，英国因此被誉为"现代政治制度之父"。

工业文明的诞生是英国在经济制度上的创新，它开启了人类从农业社会迈入工业社会的大门。第一次工业革命，重大科技发明几乎被英国人所包揽，瓦特研制的蒸汽机实现了人力的彻底解放，烟囱林立的工业城市拔地而起，铁路的兴起改变了传统交通运输方式，工厂制的发明及推广则实现了生产组织形式的跨越性变革。工业化不仅成就了英国的经济霸权，也给人类社会指明了发展方向。

英国的兴起同样有赖于庞大的帝国。持续数个世纪的海外殖民与扩张，成就了遍及世界的"日不落帝国"。尽管经历了从以北美为中心的重商帝国向以印度为中心的自由帝国的转变，但帝国的本质没有变化。在强大海军舰队的保障下，一个以工业化英国为中心、以殖民地为边缘的近代世界经济体系建立起来。英国的繁盛，建立在对殖民地的盘剥基础之上，这是一个毋庸置疑的事实。

英国霸权的巅峰在 19 世纪后半叶，而进入到 20 世纪后，曾经

图 1-12 "铁娘子"撒切尔夫人

不可一世的英国却逐渐走上衰落之路。两次世界大战中，英国虽然是战胜国，但战争不仅摧残了本已衰落的英国经济，同时也瓦解了离心倾向日益增长的帝国。犹如一位年迈的老者，20 世纪后的英国依然在奋力前行，但霸权跌落后的包袱依然沉重，被德国、美国所赶超成为必然。二战后的英国，产业的没落、经济的滞胀、财政危机以及福利国家的包袱，让曾经的世界霸主患上了"英国病"。[①]
80 年代的"铁娘子"撒切尔夫人，推行新自由主义举措来治理"英国病"，并取得一定成效。但要想重塑旧日的辉煌恐怕只是一种梦想。

---

① 罗志如、厉以宁：《二十世纪的英国经济："英国病研究"》，北京：人民出版社，1982 年版，第 1 页。

衰落中的英国，经历了 20 世纪的入欧与 21 世纪的脱欧，但依然无法改变作为一个世界二流国家的残酷现实。

从 1485 年都铎王朝时期的崛起，到 1870 年前后确立世界霸权，再到 1945 年后霸权的陨落，在约 500 年的时间里，英国经历了一个由盛及衰的过程。反观这一历史进程可以发现，决定英国兴衰的因素有很多，但关键性因素在于制度创新。英国的崛起及霸权建立，有赖于英国在政治、经济及帝国体系等方面的制度创新，而这种创新引领了世界潮流，也成就了英国在近代世界领头羊的角色。而到 19 世纪后半叶，当其创新能力逐渐丧失、其他国家却掌握创新力主导权时，英国失去霸主地位则不可避免。英国的经历说明了这样一个事实：谋求制度创新、引领世界潮流，是强国崛起的必由之路。

Chapter
2

自由民主：政治现代化的演进

　　自由与民主是政治现代化的重要内涵，为了实现政治权力的变革，英国尝试了革命与改革相结合的手段，最终建立起现代政治体制，为世界各国树立了榜样。专制王权是如何被颠覆的？光荣革命如何改变权力结构？贵族寡头制在工业社会经历怎样的挑战？议会改革如何推动政治民主化的实现？英国式政治现代化留下了哪些遗产？请关注政治现代化在英国的演进。

一、民主与自由之起源

民主与自由相辅相成、紧密相连。英国是世界上最早确立资产阶级民主制度的国家、现代议会民主政治的发源地。自古以来,英国人"始终把这种'与生俱有'的权利作为反抗暴政的合理性基础,并把它写在民族的光荣旗帜上"[①]。正是在一次次维护"权利"、反抗暴政的斗争中,"自由"观念深入人心,造就了"生而自由"的英国人。

1. 王在法下的传统

自从国家产生以来,"王"就作为权力的象征出现在人类历史上。如今的英国人是盎格鲁－萨克逊人的后裔,英国历史上的"王"即出现于盎格鲁－萨克逊时期。大约在公元 5 世纪初,在日耳曼民

[①] 钱乘旦、陈晓律:《在传统与变革之间——英国文化模式溯源》,杭州:浙江人民出版社,1991 年版,第 30 页。

族大迁徙的汹涌浪潮中，日耳曼人的分支盎格鲁人、萨克逊人与裘特人等从大陆陆续攻入不列颠，在征服当地土著居民的过程中，逐渐建立了自己的一些小王国。①英国的"王"也由此产生。盎格鲁-萨克逊人带来了日耳曼部落原始的民主制——马克大会或民众大会。当他们在英伦大地上立足后，旧式的民众大会已不再能满足统治的需要，遂逐渐演变为贵族组成的"贤人会议"。

"贤人会议"是盎格鲁-萨克逊时期王国中央政府的议事机构，每当涉及重大决策时，国王都会召开"贤人会议"，其参加者主要是教俗贵族、国王近臣及地方官员。它保留了群体表决、多数认可的原则，将民主遗风演化为一种新型的民主制。"贤人会议"的职权范围非常广泛，其一是能参与国家税收、外交、防务和分封等重大决策活动；其二是享有司法权。贤人会议作为群体性机构，是国家的最高法庭，有权审理各种讼案，包括涉及王室和达官显贵的要案。②通过对立法、司法和行政权的掌控，"贤人会议"不仅对王廷的决策、施政造成重大影响，而且国王的废立也常常受其左右。英国历史上著名的阿尔弗雷德大帝就是由"贤人会议"绕开先王之子所拥立的。可见，"贤人会议"不仅是国王的助手，同样也是王权的制约机构。

---

① 孟广林:《英国封建王权论稿——从诺曼征服到大宪章》，北京：人民出版社，2002年版，第51页。
② 阎照祥:《英国政治制度史》，北京：人民出版社，1999年版，第12页。

  正当英国封建王权成长之际，诺曼底公爵威廉于 1066 年率军西渡，争夺王位。在黑斯廷斯之战击败英王哈罗德后，威廉即位为英国国王，即威廉一世。诺曼征服过程中，威廉将欧洲大陆盛行的封君封臣制带入英国，他宣称所征服的土地和森林尽为王有，除留下一部分作为王室直辖领地外，其余都被用来分封给追随他南征北战的亲信。英国由此经历了完全的封建化。然而，此"封建"不同于中国古代皇权高度集中的封建制度，其本身体现为国王与贵族之间所维系的一种双向契约关系，并受法律习俗的承认和保护。国王和贵族双方都既有权利又有义务，任何一方索取过多权利或不履行应尽义务，均被视为破坏了封建契约。1086 年，威廉为了解全国地产状况、进一步明确封臣义务，下令对全境地产归属情况进行调查。他的调查十分仔细，没有一海德或一码土地、一头牛或一头猪被遗漏而没有载入记录。[①] 因调查内容极细致，被调查者如同接受末日审判一样，因此这份调查报告通常被称为《末日审判书》。

  威廉之子亨利一世登基时，为争取教会和贵族支持，颁发《加冕宪章》，特别载明了国王所不能做或决意不去做的事，这为英国人民维护自由和权利开了明文先例。此后，每当国王无视封建契约而肆意妄行时，贵族便以维护自身"合法权利"为号召，联合起来反对国王，要求"自由"。在贵族反抗国王暴政的过程中，封建权

---

① 马克垚：《英国封建社会研究》，北京：北京大学出版社，2005 年版，第 51 页。

图 2-1 黑斯廷斯之役

利与义务的关系深入人心，并逐渐成为约定习俗的法律习惯。这种习惯法是一种不成文的条例，它在英国的历史发展过程中一直发挥着重要作用。后世的英国君主们在制定法律时，不得不把人们已公认的习惯法考虑在内。[1] 在重大场合，许多国王均表示自己会遵守先王之法，由此形成了"王在法下"或"法大于王"的传统。由此可见，英国早在盎格鲁－萨克逊时期便已形成了民主与自由的传统，并对日后英国政治制度的发展产生了深远影响。

---

[1] 刘金源、洪霞：《潮汐英国人》，成都：四川人民出版社，2001 年版，第 49 页。

2. 自由大宪章

　　自从英国进入封建社会后，权利与义务的观念逐渐深入人心，无论哪位国王无视封建关系准则，都会面临贵族的反对。1215年，英王约翰一再无视贵族权利，最终被迫与叛乱贵族签订城下之盟——《大宪章》。作为英国历史上第一次将保障臣民自由权利的条款写成法律文书的《大宪章》，长期以来被视为英国人民自由权的发端。那么《大宪章》究竟是在何种条件下签订的？其蕴含了哪些原则，又因何而被后世所高度评价？

　　约翰是英国金雀花王朝亨利二世的幼子，因为出生时并未获得任何领地，因而常被称为"无地王约翰"。1199年约翰继承兄位，加冕为王。即位之后，约翰为捍卫自己在欧洲大陆的领地，率军与法王腓力作战，却屡遭败绩。到1203年底，约翰被迫撤到英格兰，腓力二世趁势占领了诺曼底、安茹、曼恩和都兰等地，约翰除了在阿奎丹仍保留部分土地，几乎被完全赶出欧洲大陆。① 为收复失地、挽回颜面，约翰积极筹措军费、整军备战。为此他罔顾封建关系的规范，肆意增加捐税，凡不能及时缴纳者，即处以重罚甚至收回封地。约翰王的这些做法不仅侵害了贵族们的权利，也加重了社会各阶层的负担，使得民怨沸腾。

---

① 高岱：《英国通史纲要》，合肥：安徽人民出版社，2002年版，第91页。

1214 年，约翰王再次着手收复失地，率军远征法国。不料在 7 月份的布汶战役中，英军遭到惨败，约翰又背上了"软剑"的辱名。然而，约翰不仅不考虑平息民怨，缓解国内矛盾，反而再次下诏加征新税。1215 年，早已对约翰的暴行忍无可忍的贵族发动起义，他们从斯坦福迅速推进到北安普顿。此后，反叛从大贵族扩展到中小贵族、教会人士乃至市民。5 月 17 日，伦敦市民云集响应，伦敦城门大开，反叛贵族得以进入并控制了伦敦。随后，在大主教兰顿的劝说下，贵族们同意不废黜约翰，但还是要对国王的行为加以约束。他们考虑再三，决定制定一个纲领性文件，并迫使国王接受。6 月 19 日，约翰王和 25 名男爵代表在兰顿、威廉·马歇尔等人起草的《大宪章》上签字。《大宪章》的签订，标志着国王和贵族暂时达成了和解。

《大宪章》共 63 款，数千言，很大程度上是对以往习惯法的归纳总结，重申了国王和贵族的封建权利和义务，可以说是一份典型的封建习惯法文件。即使在当时作为一项停战协定，也并未取得多大的实际效果。然而，作为英国人民捍卫自由、反对专制的一次辉煌胜利，《大宪章》首次以成文法的形式，将一般性封建原则写在羊皮纸上。在其短短数千言的背后，也包含了后来所发展起来的"王在法下、法律至上"、议会的征税权、国民的参与监督权、武装反抗暴君等原则。值得一提的是第 39 款："自由人非经其同级之合法审判，或本土法律的审判，不得逮捕，监禁，夺去其自由地产，特

图 2-2 约翰王与贵族签署《大宪章》

权，或者放诸法外，或者流放等。"[1] 法律至上、王权有限的精神跃然纸上。不仅如此，《大宪章》还采取预防措施，如其 61 款规定，"为保证《大宪章》的实行，应成立一个有 25 名男爵组成的常设委员会监督国王和大臣的行为。若委员会发现政府有违章行为，应当要求国王在 40 天内尽快改正，否则委员会可号召全国人民使用一切手段，包括发动战争，夺取国王城堡财产，逼迫国王改过"[2]。而《大

---

① 马克垚：《英国封建社会研究》，北京：北京大学出版社，2005 年版，第 71 页。
② 阎照祥：《英国政治制度史》，北京：人民出版社，1999 年版，第 44—45 页。

宪章》所规定的"召开会议协商征税",不仅成为未来议会制度的基石,也逐渐演化成"议会享有征税权""无代表权不纳税"的原则。

自《大宪章》签订后,每当君主无视传统而肆意践踏人民的自由和权利时,英国人就以《大宪章》为法律依据,号召为捍卫"古已有之的自由"而反抗。作为中世纪英国贵族争取自由和限制王权斗争结果的《大宪章》,至今仍被英国社会奉为宪政之基础。

3. 议会制的起源

英国是世界上最早出现议会的国家,也因此被称为"议会之母"。早在盎格鲁–萨克逊时期就出现了类似于议会的机构——"贤人会议"。诺曼征服以后,"贤人会议"被征服者威廉改造成为"大会议"。随着"大会议"政治性能的扩充以及贵族实力的增长,英国上层社会渐渐对王国议事机构有了新的认识,并把"大会议"称为"议会"。

1215年问世的《大宪章》,试图限制国王的专制独裁,确保贵族的封建权益。《大宪章》虽然在其后不断被援引与颁布,但它并不能有效地限制王权。[①] 约翰王之子亨利三世即位后,与贵族冲突不断。1258年的牛津会议上,贵族们迫使亨利接受比《大宪章》

---

① 孟广林:《英国"宪政王权"论稿:从＜大宪章＞到"玫瑰战争"》,北京:人民出版社,2017年版,第46页。

更进一步的《牛津条例》，其规定：成立一个由 15 名贵族组成的委员会，参与国政管理；另选出一个 12 人的常设委员会，享有立法权。这两个委员会每年举行议会 3 次，共商国是，国王则必须按照他们的意见治理国家。《牛津条例》为议会的建立提供了依据。《牛津条例》推行数年后，贵族与国王再次爆发武装冲突。1265 年，贵族反叛首领西门·孟福尔打败国王，随即在伦敦召开议会。这次会议除通知部分贵族和各郡骑士代表外，还首次要求各市选派两名市民代表参加。"西门议会"是英国历史上市民首次进入议会，因此也被视为英国议会产生的标志。

图 2-3　西门·孟福尔与议会的召开

不久，王子爱德华率军反扑，西门兵败身亡。爱德华即位后，充分汲取历史经验和教训，认识到议会是一种解决全国性问题的好形式，于是经常召开议会。他在位 35 年，共召开 50 多次议会，召集议会逐渐成为一种惯例。随着议会的经常召开，通过议会召集各地代表商讨税务摊派问题显得尤为必要。议会遂逐渐成为决定英国税收问题的决策机关，并由此控制了国王的财源。1322 年，议会的地位在《约克法令》中进一步体现，其规定："凡解决与王上及其财产有关的问题，应由王上在议会中加以考虑、颁布和解决，并得到宗教显贵、伯爵、男爵和王国公众的同意……"[①] "王在议会"的原则至此确立。

自"西门议会"开创了骑士和市民参与议会的先例后，至 13 世纪后期，骑士和市民作为平民代表出席议会逐渐成为定制。然而，由于不同等级的代表利益不同，从 14 世纪初起，议员们逐渐开始分开议事，贵族和高级教士组成上院，骑士和市民则构成下院，议会两院制形成了。

中古晚期至都铎王朝是英国议会发展的重要时期。在此期间，英国议会的基本架构和工作程序大致成形，议会的请愿、立法动议、批准税收和财政监督等职能基本确定。都铎王朝建立在红白玫瑰战

---

① 钱乘旦、陈晓律：《在传统与变革之间——英国文化模式溯源》，杭州：浙江人民出版社，1991 年版，第 43 页。

争的废墟上，这是继英法百年战争之后英国封建贵族的一次大规模混战，长期的战乱使得贵族势力消耗殆尽。都铎君主们不仅大肆提拔新贵，并让这些依附于王权的新贵充斥于议会，还大力支持对外贸易以摆脱议会的财政控制，使得王权大为强化。亨利八世时期西班牙驻英使节曾如此说道，英国议会中"无人敢于不唯国王和枢密院马首是瞻"①。尽管这一论断多少有些夸张，但其在很大程度上也表明这一时期英国王权的至高无上。而作为"民意"代表的议会，则成为国王与民族结合的体现形式，"王在议会"的原则在都铎时期进一步彰显。

斯图亚特君主入主英格兰后，不仅宣扬"君权神授"，甚至无视英国传统，否认议会存在。面对议会接连不断的"自由"呼声，1640年，国王查理一世对议会宣战，英国内战爆发。1649年，议会通过决议，将国王送上断头台。斯图亚特王朝复辟后，查理二世和詹姆斯二世再次走上无视议会、王权专制的老路，忍无可忍的议会两党发动"光荣革命"，赶走国王詹姆斯，邀请其女婿威廉前来英国帮助捍卫"英国人古已有之的自由"。威廉在接受议会《权利法案》、遵守议会法律的条件下，从议会手中接过"王冠"。"光荣革命"由此确立了"议会主权"的原则，议会自此成为英国国家的权力中心。

---

① 刘新成：《英国议会研究（1485—1603）》，北京：人民出版社，2016年版，第284页。

二、革命：议会与王权的较量

进入 17 世纪后，英国开始了向"现代"政治制度的转型，其间，议会与王权进行了一次次较量。在这一世纪，不仅王权一再走向极端，否认议会存在、肆意逮捕议员；议会也一再走向极端，不仅以"人民的公敌"的罪名将国王送上断头台，更进一步废除了实行近千年的君主制，成立一院制共和国。此后，英国在共和、军事独裁、君主制等政体中反复试验，一再徘徊。直到 1688 年"光荣革命"，将王权置于议会之下，由此确立了君主立宪政体，实现了王权与自由的融合。

1. 专制危机及内战

都铎时期，英国在摆脱罗马教廷控制、反对天主教的宗教改革运动中确立了国教的至尊地位，自此反教权主义与民族主义相结合，成为英国民族意识的表现形式。都铎后期，英国国教中的一些激进分子"始终认为英国的宗教改革是不彻底的，时时想将国教中的天主教因素加以'清除'"[①]，由此兴起了一股"清教运动"，这些人则被称为"清教徒"。斯图亚特王朝时期，先后即位的詹姆斯一世与查理一世不仅无视英国议会传统，宣扬"君权神授"，更是竭力保持国教中残余的天主教成分，妄图以强力改变民族的宗教信仰。詹姆斯父子的专制独裁最终引发了英国内战。

詹姆斯一上台就与议会发生了冲突。1604年，他在即位后召开第一次议会时即严正警告道："我希望你们今后能更谨慎地使用自由，应该懂得：不去驾驭自由的议会并不是一个真正的议会。"[②]随即遭到反对派议员的敌视和抗议。1621年，詹姆斯向下院致辞，竟宣称议员的特权来自国王，引起了一场国王与议会的无谓之争。法王亨利四世都嘲讽其为"基督教世界最聪明的傻瓜"。

1625年查理即位后，在其父专制的道路上越走越远。即位不久，查理就与信奉天主教的法国公主完婚，引起民众的强烈不满。此后，查理又多次因征税问题与议会产生争执，使得群情激愤。1629年，议会不顾国王反对，强行通过了一项决议，宣布"任何人企图改变国家的宗教信仰，任何人企图不经过下院的同意就开征税务，这些人都是国家的敌人，应该被全民族所打倒"。至此，议会与王权已无法共存。不久，查理即解散议会，开始了长达11年的无议会统

---

① 姜守明等：《英国通史》（第三卷），南京：江苏人民出版社，2016年版，第72页。
② 钱乘旦、陈晓律：《在传统与变革之间——英国文化模式溯源》，杭州：浙江人民出版社，1991年版，第53页。

治时期。其间，查理为增加收入，横征暴敛、广开财源，甚至对肥皂、煤、盐等寻常日用品实行专卖。在宗教问题上，查理走得更远。他所重用的大主教威廉·劳德，大肆迫害新教徒，取缔清教徒组织。1637年，劳德在查理的授意下，强行把英国国教的祈祷书推行到苏格兰，引起强烈反对。苏格兰率先举起反抗暴君的大旗。

查理一世的军队在与苏格兰军队作战时屡遭败绩，为筹措军饷，查理一世不得已于1641年复开议会。不料，议会一召开即对查理的暴政进行清理。在经过长时间激烈辩论后，议会以159票对148票通过了反对君主专制的《大抗议书》。议会在反对王权上陷入分裂。1642年，查理一世指称议会造反，对议会宣战；议会则打出了"为自由而战"的旗号，起兵应战。英国内战爆发。

1644年，议会军在马斯顿荒原大败王军，在此战中崭露头角的奥利弗·克伦威尔显示出杰出的军事才能。克伦威尔军队纪律严明，战斗力强，屡屡创捷，被称为"铁军"。此后，在克伦威尔等人的提议下，议会对军队进行改组，克伦威尔也逐渐成为军队中最有权势的人。1645年，议会军在纳斯比荒原大败王军，不久即控制了国王。议会、军队随即同国王展开谈判，国王却企图利用议会与军队的矛盾从中渔利。他曾公开对艾尔顿等高级军官说："你们没有我就不行，如果我不支持你们，你们就将陷于毁灭。"[1]面对议

---

[1] 王觉非主编：《近代英国史》，南京：南京大学出版社，1997年版，第78页。

会长老派与国王的勾结，军队忍无可忍。1648 军队再度开进伦敦，
12 月 6 日，普莱德上校率领一队士兵进入议会，驱逐了 140 多名
长老派议员，史称"普莱德大清洗"。经过内战纷争和此次清洗，
议会剩余议员为数不多，通常称之为"残缺议会"。

　　1649 年初，下院成立特别法庭，对查理一世进行审判。1 月 30 日，
国王查理被判以"暴君、叛徒、杀人犯和人民的公敌"罪名。随后，
查理一世被带往白厅外的广场行刑。在临刑之前，查理表示，将宽
恕世界上所有的人，尤其是那些将他置于死地的人；他希望这些人
能悔过自新，希望他们能通过正确的道路实现国内和平。说完这段
话之后，查理一世从容地躺到了断头台上。早已站立一旁的刽子手，

图 2-4　查理一世被推上断头台

手起刀落，他一手拿着利斧，一手拿着查理的人头，向台下群众喊道："看看吧，这就是暴君的下场。"一片欢呼声响彻了白厅外广场。

这是英国乃至整个欧洲历史上第一次将君主送上断头台，英国人以暴力革命的方式，将王权彻底击溃。但这种激进的变革方式，在此后几十年中，给英国社会带来了深远的消极影响，另一场革命处于酝酿之中。

2. 共和外衣下的专制

内战的胜利将英国革命推向高潮，1649 年，议会下院即宣布废除"无用而又危险的上院"，同时也废除了国王制度，英国成为一院制共和国。[1] 共和国的建立曾一度令人民欢欣鼓舞，国家终将由"代表人民利益"的议会统治。如果有人敢直言共和国的下院不是英国最高权力机构，即被视为叛国。然而，从建立之初，共和国就是一个空架子，真正掌握实权的是克伦威尔的军队，议会并不能保障人民的自由。不过虽然军队掌握实权，但它又离不开议会合法性的支持。军队希望议会能听命于它，但议会一召开就与军方代表争吵不休。1653 年，早已对议会不满的克伦威尔，直接派兵驱逐了"残缺议会"议员。

---

[1] 蒋劲松：《议会之母》，北京：中国民主法制出版社，1998 年版，第 56 页。

此后,军队决定自己掌权了。在解散"残缺议会"后,1653年5月,克伦威尔召开了一个新议会,这次由军队指定议员人选。在军官集团的策划下,议会于12月通过了《政府约法》,规定:英吉利共和国的最高权力属于代表人民的护国公和议会,由护国公和国务会议行使行政权。护国公由国务会议选出,为终身职,但不得世袭。护国公有任命官吏、赦免罪犯的权力。通过该法案,英国建立了"护国政体"。不久,克伦威尔即举行了盛大的就职仪式,就任"护国公"。1654年,按《政府约法》选举产生的新议会召开,议员们要求限制护国主的权力。克伦威尔当即封锁议会大厅,威胁训斥,"你们是自由国会,但同时必须明确,我是护国主,是我召集你们前来开会的……你们来此集会却不承认我的权威,这是违反护国政体基本原则的"①。时隔不到半年,克伦威尔就再次解散了议会。

自1655年起,克伦威尔开始实行赤裸裸的军事统治。他将全国划分为11个区,每个区各派一名军官担任行政长官,总揽一切大权。不仅税收、司法掌握在他们手中,甚至连民间的娱乐活动都纳入军官的监督之中,他们要求"国人按清教戒规行事,诸事都必须像个'清教徒',不仅不可喝酒,不可赌咒,安息日还不可出门,店铺不可营业,连在外面'闲逛'都会受到惩罚"②。这种极端的统

---

① 程汉大:《英国政治制度史》,北京:中国社会科学出版社,1995年版,第192页。
② 钱乘旦、许洁明:《英国通史》,上海:上海社会科学出版社,2017年版,第168页。

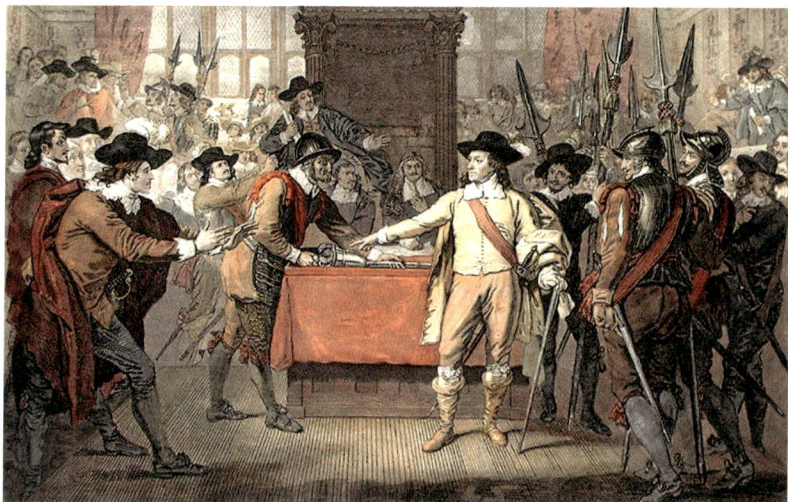

图 2-5　克伦威尔派兵解散议会

治与被处死的查理一世相比都有过之而无不及。

　　1656 年，护国政府遭遇财政危机，克伦威尔决定召开新议会。这届议会召开后，向克伦威尔提交了《最恭顺的请愿和忠告》，它除了要求护国公克伦威尔在其有生之年指定继承人外，还要求每届议会以三年为限，保留议员自古以来享有的自由特权，通过议会两院以立法形式任命国务委员会委员。其中最主要的条款是提议克伦威尔进身为王、设立上下两院，以此将护国主的权力重新回归到"王在议会"的传统中去。在军官们的反对下，克伦威尔拒绝了王位，并解散了议会。1658 年，克伦威尔在弥留之际，指定其子理查德为护国主继承人。然而年轻的理查德驾驭不住复杂的局势，将军们争权夺利，内战一触即发。

英国革命以反抗国王专制、维护议会自由权利开始，为此英国人民不惜砍掉国王，废除君主制，建立共和国。然而，取代专制国王的是一个比国王更为专断的军事独裁政权。在共和国期间，英国反复试验各种政体，但军队与议会始终冲突不断，甚至连议会本身的存在都成了问题，自此英国革命迷失了方向。渐渐地，人们开始回望过去、怀念国王统治下的正统秩序，他们认为没有国王只能导致混乱，于是决定迎回查理一世之子。查理二世顺水推舟，当即发表《布列达宣言》，承诺在复辟后赦免一切革命者，实行宗教自由。在革命军队的拥护下，斯图亚特王朝成功复辟。

3. 光荣革命及遗产

1660年，查理二世回到伦敦，受到民众的热烈欢迎，斯图亚特王朝复辟了。复辟之初，查理二世还小心行事；但过了不到两年，对革命者秋后算账的日子来临了。为了替父报仇，查理二世授意法庭对克伦威尔进行审判，确认其犯有"弑君之罪"，决定把早已病故的克伦威尔再次处决。1661年1月30日，根据查理二世的命令，保王党人掘开克伦威尔的坟墓。面对早已腐烂的尸体，保王党人一刀下去，尸首分离。"看，这就是弑君者的下场。"保王党人向围观的人群喊道。尽管查理二世有很多私生子，但婚生的子女却一个也

图 2-6 斯图亚特王朝复辟

没有。查理之弟、信奉天主教的詹姆斯，处在直接的王位继承位置上。围绕詹姆斯的王位继承权，议会分裂为两派，以沙夫茨伯里为首的一派坚持宗教改革原则，反对信奉天主教的詹姆斯继承王位；以丹比为首的一派则坚持王位世袭原则，支持詹姆斯继承王位。两派互相讥讽，并给对方扣上难听的名称，沙夫茨伯里派被称为"辉格"，丹比派则被称为"托利"①。这两个派别后来发展成为议会中的两大党派。查理二世支持自己的兄弟，先后几次解散议会，并从1681年起不再召开议会，王权和议会再次走向对抗。

---

① 姜守明等：《英国通史》（第三卷），南京：江苏人民出版社，2016年版，第139页。

    1685 年，詹姆斯登上王位，他一心想在英国恢复天主教。即位之初他就无视英国传统，筹建常备军以拱卫宫廷王室。其次，他又先后任命天主教徒出任爱尔兰总督、枢密院大臣等要职。到 1688 年，连首席大臣都公然宣称自己是天主教徒了。随后，詹姆斯又宣布一切非国教徒可以公开进行宗教活动，不受惩罚，并下令逮捕持反对意见的七大主教。詹姆斯极不明智的行为，将整个国家推到了自己的对立面。

    1688 年 7 月，议会两党人士联合起来，派遣密使前往荷兰，邀请詹姆斯的女婿、荷兰执政威廉率军前来英国，帮助捍卫英国人"*古已有之的自由*"。1688 年 11 月，威廉率领 1.1 万名步兵、4 000 余名骑兵，分乘 200 多艘战舰登陆英国。此时的詹姆士并未十分惊慌，他在 11 月 19 日抵达索尔兹伯里时，已经有 2.5 万名官兵云集在那里，这一数目几乎等于威廉远征军的两倍。[①] 然而，许多重要人物相继背叛了这位与人民为敌的国王，投靠了威廉。詹姆斯的得力干将约翰·丘吉尔率军与威廉作战时，临阵倒戈；詹姆斯的小女儿安妮及其丈夫等人也相继加入威廉阵营。此后，威廉军队几乎未遇到多少抵抗，就兵临伦敦。因害怕像自己的父亲那样被送上断头台，万般惊恐的詹姆斯仓皇逃亡法国。

    1689 年 1 月，新的议会开幕，不久议会宣布："国王詹姆斯二

---

① ［英］温斯顿·丘吉尔：《英语国家史略》，薛力敏等译，北京：新华出版社，1985 年版，第 788 页。

世蓄意摧毁英国宪法，背弃了国王与人民的原始契约，在耶稣会士和其他邪恶之徒的指导下破坏基本法律。他已自行退位，离开英国，致使王位虚悬。"① 有鉴于此，议会将王位授予詹姆斯的女婿和女儿——威廉和玛丽，二人联合统治英国。为防止英国再次出现君主专权的暴政统治，议会通过了一项限制王权的《权利法案》，作为新国王登基的条件。该法案规定：未经议会同意，国王不得终止法律，不得随意剥夺议员的立法特权；未经议会批准，国王不得擅自征税；未经议会许可，国王不得招募或维持常备军，等等。

这样，议会将王位和平地过渡到威廉和玛丽手中。因此次宫廷政变较少发生流血和牺牲，英国人骄傲地称之为"光荣革命"。经过这次革命，议会与国王的关系发生了变化，国王不仅由议会确立，还要受制于议会和法律，并依据议会法律行事。不仅如此，"光荣革命"之所以光荣，还在于其"不流血"。为解决国王专权问题，英国有过战争、有过革命，曾以暴力手段消灭国王，迎来的却是一个比国王更加专权的独裁体制及其后的混乱局面。"光荣革命"则以赶走老国王、迎立新国王的形式，实现了权力的平稳过渡。这开创了一条和平变革的先例，对英国此后历史的发展产生了深远影响。

---

① 程汉大：《英国政治制度史》，北京：中国社会科学出版社，1995 年版，第 202 页。

三、君主立宪制下的变革

　　光荣革命确立了议会的主权，奠定了英国君主立宪制的基础。但英国君主立宪制从确立到完善仍经历了很长一段时间。在此期间，王权逐渐受到限制而衰落，而议会的权力却节节上升，终于超过王权，成为英国政治中的最高权力机构。国王的权力受到限制，议会成为权力的中心，这主要体现在责任政府制度即内阁制的形成及发展上。那么，英国的内阁制是如何兴起的，其与国王、议会三者之间的关系又经历了哪些发展变化，以至于形成了如今"统而不治"的英王？

1. 内阁制的起源及发展

　　内阁是英国行政机构的核心，其前身，远可追溯到中世纪的"小议会""咨议会"，近可至都铎时期的枢密院。1540 年，枢密院正式成立。最初枢密院成员约 20 人，主要由国家官员和王室成员组

图 2-7　都铎时期的枢密院

成。一般情况下由国王主持会议，并定期召开。会议内容是讨论政府的重大问题。① 到都铎后期，几乎所有的国务要事都在枢密院讨论，枢密院由此成为国家行政大权的核心。

　　斯图亚特王朝建立后，枢密院成员越来越多，活动多有不便。

① 王觉非主编：《近代英国史》，南京：南京大学出版社，1997 年版，第 187 页。

为更有效地进行工作，查理二世常把少数重要的大臣召集起来，在私人房间开会。这一会议被称为"密室会议"或"内阁会议"，简称"内阁"。此后，"内阁"逐渐替代了枢密院成为政府的决策核心。光荣革命确立了议会的最高主权地位，内阁也开始由一个御用机构转变为一个公开、独立的政治机构。一个新术语即"政府"开始出现并与内阁通用，这样，枢密院时代开始向内阁政府时代过渡。[①] 内阁逐渐成为事实上的中央政府机构。

安妮女王时期，内阁得以进一步发展。安妮女王性格软弱，优柔寡断，很难做出最终决策。为了改变这种状况，内阁大臣在开会时就事先举行碰头会，讨论将要提出的建议，并就此拟定初步的意见。由于财政的突出地位，这一时期财政大臣通常成为内阁大臣中地位最高的一位。于是，财政大臣自然地充当起召集阁僚的角色，并负责将讨论结果汇报女王。由于其地位的特殊性，当时人们将财政大臣称为"首席大臣"或"首相"，但其事实上并非内阁之首，只是作用和影响稍高于其他阁员而已。

进入汉诺威王朝后，连续两位外国君主为英国内阁制的发展带来了良好的契机。乔治一世和乔治二世身兼汉诺威和不列颠两地君主，很少主持内阁会议。为了在讨论时取得一致意见并把意见集中起来通知国王，内阁中就出现了一个负责召集和主持会议的领导人

---

① 刘金源等：《英国通史》（第四卷），南京：江苏人民出版社，2016 年版，第 9 页。

物，此人即后来的"首相"。1721—1742 年，政府工作由下院多数党领袖罗伯特·沃尔波尔主持，其实际上成为英国第一任首相，也是英国历史上任职最久的首相。

沃尔波尔为其后任提供了主持内阁的经验。为巩固自身领导地位，保持内阁一致，沃尔波尔总是预先召集几位主要大臣交换意见。在内阁会议上，沃尔波尔的意见总是起着决定性作用。对个别政见不同的阁员，沃尔波尔总是毫不犹豫地将其逐出内阁。^①沃尔波尔领导内阁的一系列做法，对内阁制的形成及发展产生了深远影响。1742 年，沃尔波尔因失去议会多数支持，被迫辞职。此事标志着英国内阁制的形成。

从沃尔波尔下台到 18 世纪末，英国内阁制持续发展，责任内阁制开始出现。它表现为：内阁成员对政府事务集体负责，与首相共进退。这种现象最早出现在亨利·配兰领导内阁时期。1746 年，乔治二世否决了配兰提名威廉·皮特为内阁成员的建议。配兰不肯让步，于 2 月 10 日带领全体阁员辞职。乔治二世恼羞成怒，当即任命巴斯伯爵组阁。但巴斯不是下院议员，很难得到下院的必要支持。无奈之下，他只好在 2 月 12 日辞职。就这样，他总共只当了两天"首相"，在英国近代政治史上创下了一个新纪录，被讥讽为"48 小时内阁"。面临政治危机的乔治二世只好请配兰等人复职。

---

① 程汉大：《英国政治制度史》，北京：中国社会科学出版社，1995 年版，第 266 页。

图 2-8　乔治三世与首相诺斯

　　这一事件开创了内阁集体辞职的先例，对此后内阁制的发展有着重要意义。

　　乔治三世即位后，对君权旁落大为不满，为此频繁更换首相，并在议会中培植了一个"国王之友"派。1770 年，国王亲信诺斯成为首相，大大强化了国王主宰内阁的大权。1781 年，英军兵败美洲，反对乔治三世个人统治的运动开始大规模兴起。反对派在下院发起动议，"现政府继续执政将毁灭国家，撤除他（诺斯）可以防止这种毁灭"①。面对议会愈演愈烈的反对呼声,诺斯政府被迫辞职。全体阁员中除 2 人外,其余内阁大臣同时离任。诺斯内阁集体辞职表明"集体负责"的观念已深入人心,乔治三世的个人统治随之宣告结束。

到 19 世纪初,内阁日益成为一个独立于王权之外、依附于议会下院、主管行政的权力实体。1841 年,罗伯特·皮尔领导的保守党在大选中胜利,皮尔不仅迫使维多利亚女王命其组阁,更进一步干预女王的侍女人选。在内阁中,他不甘居"同级阁臣之首",而是居高临下,全面控制内阁及下属各部。此事标志着英国责任内阁制的确立。这样,英国在世界上率先打破了专制王权,并在架空国王的情况下建立了世界上第一个责任制政府。

2. 政党政治的兴起

政党政治发端于英国。早在斯图亚特王朝复辟时期,英国就诞生了辉格党和托利党这两大政党,它们也是世界上最早的政党。此后,随着王权的衰落及议会主权地位的上升,英国的政党政治随之兴起。

17 世纪七八十年代,英国议会内部围绕查理二世的兄弟、信

---

① 王觉非主编:《近代英国史》,南京:南京大学出版社,1997 年版,第 324 页。

奉天主教的约克公爵詹姆斯的王位继承问题，公然分为两派：一派坚持宗教改革原则，主张将信奉天主教的詹姆斯排斥在继承权之外，这些人被其敌人讥讽为"辉格"，意为马贼；一派则坚持王位世袭原则，支持詹姆斯继承王位，这些人被对手蔑称为"托利"，意为土匪。[①] 两派各持己见，英国政党政治初见端倪。"辉格"和"托利"本属贬义，但屡次使用，人们就忽略了它们的本义，此后议会两派自豪地采用了这两个称号。

1685 年，在查理二世的支持下，詹姆斯顺利登上王位，开始积极谋求恢复天主教，这引起了议会的强烈不满。在反对天主教复辟的基础上，托利党和辉格党联合发动"光荣革命"，将詹姆斯赶下王位，共同拥戴荷兰执政威廉和玛丽为王。为避免专制王权的复活，1689 年英国议会通过《权利法案》，这成为英国从君主专制走向君主立宪制的重要标志。随着议会地位的提升，以议会为活动空间的政党政治也活跃起来。

威廉登位之初，即延揽"辉格—托利"两党人士进入内阁，共商国是。然而两派政见不同，争吵不休，很难达成一致意见。随即有人建议威廉从议会的多数党派中遴选阁员，以有效地避免意见分歧，之后政府工作果然比以前顺利了。这使得统治集团中的许多人意识到，一党内阁要比混合内阁有着更高的工作效率。此后，从议

---

① 蒋孟引主编：《英国史》，北京：中国社会科学出版社，1988 年版，第 385 页。

会多数党派中遴选阁员组建内阁，逐渐成为惯例。政党开始直接参与到国家的统治中，这也为以后议会多数党派控制内阁创造了前提。

汉诺威王朝入主英国后，连续两位外国君主造成王权进一步衰落，议会多数党派主导下的责任内阁制开始兴起，政党通过赢得议会选举得以上台执政，英国政党政治的发展步入一个新的阶段。此后，辉格党与托利党轮流执政，开创了两党制的先河。托利党与辉格党对阵 100 多年，它们各举旗号，各有政策，以执政党与反对党身份相见，这些都是政党制的萌芽。① 不过，这一时期的两党主要是在议会活动，它们并没有全国性的政党组织。

1832 年议会改革是英国政党政治发展的重要转折点。"辉格党"和"托利党"两个称号沿用一百多年，直到 1832 年英国第一个议会改革法令颁布后，托利党和辉格党才逐渐获得"保守党"和"自由党"的称号。② 议会改革期间，因辉格党多次提出改革议案，而被守旧的托利党冠以"自由党"的绰号。此后多年，"辉格"和"自由"两个称号同时使用，至 60 年代，自由党逐渐形成。"保守党"最初用来形容守旧、反对变革的托利派。不久，托利党新领袖皮尔接受议会改革的既成事实，并在塔姆沃斯向选民宣称：托利党应该支持

---

① 蒋劲松：《议会之母》，北京：中国民主法制出版社，1998 年版，第 108 页。
② 高岱：《英国政党政治的新起点：第一次世界大战与英国自由党的没落》，北京：北京大学出版社，2005 年版，第 2 页。

图 2-9 辉格党与托利党

改革，只要这种改革是出于善意，并且对维护现存的制度有益。从此托利党不再是抗拒变革的党，而是一个主张缓进、渐变的党，其党名也渐渐变成"保守党"。[1]

---

[1] 钱乘旦、许洁明：《英国通史》，上海：上海社会科学出版社，2017 年版，第 252 页。

不仅如此，随着议会改革法案的通过，为争夺选民，两党的议会外组织也迅速发展，各地涌现出了形形色色的政治俱乐部和选区协会，争相争夺选民。之后，两党又相继组建中央组织，到19世纪后期，各党都逐渐建立了中央组织和广泛的地方组织网。

3. 王权的衰微

英国是现代政治制度、议会民主的发源地，却也是世界上少数几个保留君主制的国家。"王"在英国源远流长，也是英国政治制度中是一个独特的现象：一方面，它没有什么实权，统而不治；另一方面，它又经历了漫长的历史演变，成为国家元首及英国的象征。

光荣革命确立了议会的主权，奠定了君主立宪制的基础。然而，此时的国王仍享有独立的行政权，他有权遴选政府大臣，并亲自主掌国务大事。此后，随着《兵变法》《三年法案》《王位继承法》等一系列限制王权的法案的出台，国王在行政、司法、军事等方面的权力逐渐被削弱乃至丧失。1714年，安妮女王死后无嗣。根据1701年《王位继承法》，王位将由詹姆斯一世的外孙女索菲娅及其后裔继承。《王位继承法》是英国历史上一部重要的立法，它再次体现了君主立宪制的本质。1714年，索菲娅之子、时年54岁的汉诺威选帝侯乔治登上英国王位，称"乔治一世"。汉诺威王朝由此拉开了序幕。

乔治一世以外国人的身份入主英国，他既不会讲英语，也不熟悉英国的政风民情。在内阁会议中，乔治要用拉丁文才能同大臣们交换意见，颇为不便。久而久之，乔治一世甚至把出席内阁会议当成了负担，自 1718 年起他便不再出席和主持内阁会议。1727 年乔治二世即位后，同样对英国事务不感兴趣。连续两位外国君主为英国内阁制的发展带来了良好的契机，加速了王权的衰落。1760 年，在英国土生土长的乔治三世即位后，对君权旁落大为不满。他认为祖父乔治二世"遇事推诿，不配做一位英国君主"①。为了强化王权，乔治三世通过封官晋爵在议会培植了一个"国王之友"派，大肆排斥异己，加强君主权威。乔治三世的个人统治引起了一系列政治危机，美国革命后，乔治三世个人统治寿终正寝，王权继续衰落。

1837 年，年仅 18 岁的维多利亚继承王位，在她任内，英国君主完全变成了"虚君"。即位之初，辉格党首相墨尔本教导她如何做一个立宪君主。保守党大选获胜后，保守党领袖皮尔要求女王解除其身边自由党侍女的职务，女王愤然回绝。皮尔拒不组阁，造成所谓的"寝宫危机"。在阿尔伯特亲王的劝说下，政治上渐趋成熟的维多利亚当即接受劝告，邀请皮尔组阁，并根据皮尔的要求改组了宫廷。②皮尔凭借议会多数党领袖的地位迫使女王命其组阁、并

---

① 刘金源等：《英国通史》（第四卷），南京：江苏人民出版社，2016 年版，第 38 页。
② 阎照祥：《英国政治制度史》，北京：人民出版社，1999 年版，第 309 页。

图 2-10　晚年的维多利亚女王

干预女王宫廷侍从的事实，表明了"虚君制"在英国的建立。此后，维多利亚女王恪守立宪君主的本分，统而不治、超脱于议会党派政治之外，并以其友善的态度、严谨肃穆的品质和恪尽职守的精神赢得了人民的爱戴。维多利亚女王成为时代的表率，英国君主的声望达到了前所未有的高度，也成为后世英国君主的典范。

维多利亚女王以后，英王成为名誉职位。尽管从名义上说政府仍是"国王陛下的政府"，一切决定都要由国王做出；但事实上国王必须在每一个问题上服从政府的决策，国王反倒成了"橡皮图章"。[1] 尽管如此，英王作为英国君主立宪政体的表征，仍然是英国政治制度中不可分割的一部分。世代相传的英王作为国家的象征、英联邦元首，其庄严威仪的活动展示了欢欣团结的景象，有利于维持政治稳定、英联邦团结。同时，终身在位的英王政治阅历丰富，其个人意见对政府仍有很大的参考价值。2020 年新冠疫情期间，九十高龄、曾亲历二战的英国女王伊丽莎白二世鼓励民众，"不放弃、不绝望，是二战胜利日传递的讯息，只要坚守信念，就能跨过逆境"，以此向全民传达了必胜的信心。由此可见，英国"虚君制"的形成既是英国历史演变的产物，也是王权顺应历史潮流的结果，英国君主制由此被保留下来，并获得了人民的崇敬和爱戴。

---

[1] 钱乘旦：《第一个工业化社会》，成都：四川人民出版社，1988 年版，第 178 页。

四、议会改革与政治民主化

光荣革命后，英国确立了君主立宪制，议会逐渐成为政治活动的中心，谁控制了议会，谁就掌握了国家大权。但当时英国仍沿用中世纪以来的选举制度，土地贵族通过这一套旧有的选举制度把持了议会，实现了对国家权力资源的垄断，使议会成为维护其自身利益的工具，这种体制被称为"贵族寡头制"。工业革命以后，工业逐渐取代土地成为国家财富的主要来源，英国社会关系也随之发生剧烈变化。为打破土地贵族对权力的垄断，英国开始了艰难而又漫长的议会改革，国家政治权力逐渐对所有阶层开放。到20世纪上半叶，基于普选权的大众政治民主基本实现。

1. 旧制度下的改革运动

光荣革命以后的一百多年里，英国贵族垄断了国家政权，原因在于它控制了议会选举。英国议会分为上下两院，上院又称贵族院，由世袭贵族组成，无须选举。而下院又称平民院，由选举产生，因此下院是争夺的焦点。但光荣革命后英国实行的一整套议会选举制度，都是中世纪后期延续下来的。随着工业化的启动及社会结构的变化，议会选举制的弊端逐渐显露出来，议会改革运动随之兴起。

议会选举制的弊端主要体现在以下几个方面：首先，从议席分配来看，其沿用 13 世纪以来的分配制度，并未随着人口的变迁而进行调整，"衰败选邑"问题尤为突出。据统计，19 世纪初，英格兰的 202 个选邑中，有 40—50 个人口在 100—200 人之间，14 个在 100 人之间，20 个在 20—50 人之间，4 个在 10—19 人之间，有 1 个只有 5 名居民，另外两个根本就没有人居住。[①] 其次，当时的选举权制度也极为古怪。全国没有统一的选民标准，乡村选举权资格为中世纪所规定的年收入 40 先令的"自由持有农"。尽管随着物价上涨，40 先令早已不值什么钱，但"自由持有农"的规定却将大量的农村人口排除在选民之外。而城镇选举权则极为狭小，多数选邑实行的是一种身份选举制度，财产多寡并不重要。如有些城镇规定只有纳税的人才有选举权，有些则规定只有市镇团成员才是选民。大量的城市人口也被排除在选民之外。"这种光怪陆离的选举制度尽管奇特，但目的只有一个，就是把选民数压低到最低限度

---

① 刘成、刘金源、吴庆宏：《英国：从称霸世界到回归欧洲》，西安：三秦出版社，2005 年版，第 182—183 页。

上，以便（贵族）操纵选举、控制选票。"①

　　不合理的议席分配、选举权制度造成选民人数极少，这使得贵族操纵选举、指派议员极为容易，其方法就是贿选。在当时，选票通常明码标价。贵族通过钞票换取了大量选票，而选民以选票换钞票，也不亦乐乎。腐败的议会选举制度，使得贵族阶层实现了对议会下院的控制。1827年，根据托利党政论家约翰·克罗克的估计：议会658名议员中仍有270名受大地主赞助人的控制。②正是通过

图 2-11　近代早期英国的选票交易

① 钱乘旦、陈意新：《走向现代国家之路》，成都：四川人民出版社，1987年版，第161页。
② 阎照祥：《英国史》，北京：人民出版社，2014年版，第261页。

这种旧的议会选举制度，贵族们牢牢控制着国家大权，使得政权成为他们维护自身利益的工具。

18 世纪工业化的兴起，土地的重要性逐渐减少，工业逐渐成为财富的主要来源。随着工业化的推进，英国社会孕育出两个新的阶级：工厂主阶级和工人阶级。但在旧有的政治体制下，他们却难以获得相应的政治权利。社会经济地理的变迁、社会结构的变化反衬出英国议会制度的过时，并进而引发了一系列的社会危机和政治动荡，变革旧的议会选举制度成为大势所趋。

变革呼声从 18 世纪 60 年代的威尔克斯事件开始兴起。自 1760 年乔治三世即位后，不仅通过册封贵族控制下院，而且通过收买贿赂、封官许愿等手段控制下院，组建起一个听命于自己的"国王之友"政府。对此，下院议员威尔克斯发文抨击乔治三世及其政策，结果被逮捕入狱。但狱中的威尔克斯已成为自由的象征，他多次被推选为议员，但又多次被剥夺议员资格。这引起民众的强烈不满，他们认为议会已被少数人控制，因此必须改革。

1769 年初，伦敦中等阶级激进派组成"保卫权利法案协会"，主张"寻求更加公正与平等的人民代表权"，这是第一个以改革为目标的政治组织。北美独立战争期间，卡特赖特领导的"宪法知识会"宣告成立。宪法知识会宣称"穷人在议会应该拥有与富人同样的代表权"，并通过向全国发行了大量廉价或免费的小册子来动员群众。法国大革命期间，更多以议会改革为目标的中等阶级激进组织建立起来。

法国大革命也激发了英国社会下层民众的政治热情，1792 年，工人阶级激进组织——伦敦通讯会宣告成立。伦敦通讯会是 18 世纪末规模最大、影响力最强的工人激进组织，它提出"让我们成员无数"的口号。伦敦通讯会的组织发展非常迅速，其明确宣称："本协会坚决反对动乱和暴力，本会目的是改革而不是无政府状态，在反抗政府的时候，理智、坚定和团结就是本会采取的唯一手段，也是本会希望我国同胞采取的惟一行动方法。"[1] 以议会改革为目标的激进主义运动在法国大革命期间持续高涨，主政的托利党抗拒改革，对危及国内秩序的激进运动采取打击举措，一系列激进组织被迫解散，议会改革运动陷入低潮。与之相反，长期处于在野地位的辉格党，却一直同情与支持议会改革。1792 年 4 月，辉格党内激进派成立支持改革的团体"人民之友会"，提出议会改革纲领，要求人民获得更平等的代表权。尽管这一系列改革运动屡遭挫折，但改革呼声却经久不息。

2. 五次议会改革

1815 年，反法战争结束后，群众性的议会改革运动愈演愈烈。

---

[1] 钱乘旦：《工业革命与英国工人阶级》，南京：南京出版社，1992 年版，第 111 页。

社会上层也出现要求改革的呼声，统治集团内部发生分裂。1830
年11月16日，长期在野的辉格党，在格雷领导之下上台组阁，议
会改革的大幕随即拉开。辉格党的改革动机十分明确，正如格雷
所言："最重要的是用对国家和对制度的支持和爱心，把社会的中
间派和较上等的阶层联合起来。"① 经过议会内部派别的一番权力斗
争，改革法终于在1832年6月经国王签署后生效。

这次议会改革，取消了56个衰败选邑，议席得到重新分配，
改革使得城市工商业阶层与农村富裕农民获得了选举权，中等阶级
由此加入政权。尽管工人阶级一无所获，但这次改革使得"贵族寡
头制度开始分崩离析，资本主义民主大厦的根基建立起来"。在改
革的关键时刻，英国一度面临革命与暴动的危险，但统治阶层最终
选择妥协、和平的方式完成了政治变革，使英国迈入了政治民主化
的门槛。

第一次议会改革后，辉格党宣称改革已经到头，再进行改革就
会损害国体。但改革大门一旦打开，也不可能再关上了。到19世
纪60年代，新的改革形势又出现了。中等阶级和工人阶级都开始
行动起来，全国出现了许多大规模示威活动。面对改革的呼声，两
党审时度势，争相提出自己的改革方案。1867年，保守党领袖提

① ［英］E. P. 汤普森：《英国工人阶级的形成》，钱乘旦等译，南京：译林出版社，2001年版，
第964页。

图 2-12　议会改革推动者查尔斯·格雷

出新的改革议案，由辉格党转变而成的自由党领袖格拉斯顿则对议案进行了全面的修改。根据新的改革法案，在城镇，凡是纳税的房产所有者或租客，只要拥有 10 英镑以上的财产，即可获得选举权；

在农村，拥有 5 英镑的财产或租用价值 12 英镑地产者，均可享有选举权。通过这次改革，除了矿工和农业工人，英国工人阶级的大多数得到了选举权，土地贵族垄断国家政治资源的时代一去不复返。

1884—1885 年，以格拉斯顿为首的自由党又进行了第三次议会改革。事实上，改革进行到这个时候，人们对变革早已习以为常。各个政党争相提出自己的改革方案，改革成为政党竞争的工具。第三次议会改革基本实现了成年男子选举权，并按人口比例重新划分了选区，规定一个选区只能选出一名议员。随后，议会也取消了议员的财产限制，并实行议员带薪制，从而为工人阶级竞选议员打开了大门。

19 世纪的历次议会改革，逐步扩大了男子选举权，这给了女权主义者以极大的动力，她们开始为争取选举权而奔走呼喊。一些妇女运动者不仅使用请愿、集会、游行、出版等常规手段，而且还捣乱会场，焚烧教堂，围攻政府成员，甚至安放炸弹。1908—1909 年，潘克赫斯特夫人率领"暴力的妇女运动者"散发传单，号召群众冲击下院，三次入狱，毫不妥协。[1] 1913 年 6 月，性情刚烈的艾米莉·戴维森冲进赛马场，以血肉之躯挡住国王乔治五世疾驰的赛马，英勇地献出了自己的生命。戴维森的壮举赢得了更多的支持者，女权运动愈演愈烈，英国社会出现大规模的骚乱。一时间，妇女选举权问

---

① 阎照祥：《英国史》，北京：人民出版社，2014 年版，第 332 页。

图 2-13 女权主义者潘克赫斯特夫人发表演说

题成为大街小巷议论的话题。

    第一次世界大战爆发后，英国大量男子走上前线。妇女们便承担起他们的工作，她们在各种职业中代替了军队所需要的男子。妇女在各条战线上的杰出表现，使全社会认识到女性的力量，对她们参政的要求也更加理解和支持。女权主义者福西特夫人指出："1916—1917 年以来政治家和舆论界之支持妇女选举权，不再是三三两两地出现，而是成群结队而来，反妇女选举权的报纸基本上消失了。"[1]

---

[1] 陆伟芳：《英国妇女选举权运动》，北京：中国社会科学出版社，2004 年版，第 275 页。

这样，妇女们在战前以激烈手段不能解决的问题，在战时却通过平静的方式彰显了自己的力量。鉴于她们在战争中的杰出贡献，1918 年英国议会通过《人民代表权法》，使得年满 30 岁有一定财产的妇女获得选举权。同年 11 月，议会又通过了一个法案，允许英国妇女成为议员。这样，英国的选民从 800 万增加到 2 100 万，其中包括 600 万名妇女。[①] 十年之后，妇女取得了与男子完全平等的政治权利，英国妇女的参政运动最终以辉煌的胜利而告终。至此，英国成年公民平等的选举权得以真正实现。

这样一来，在 20 世纪上半叶的英国，对于政治参与的出身、地位、财产、性别等限制已经取消，以人民主权为标志的大众政治参与成为现实，英国政治民主化的目标基本实现。

3. 改革道路的思考

英国从贵族寡头统治向民主政治的转变，经历了一个相对漫长而曲折的过程。凭借光荣革命形成的传统，英国人以和平、渐进的改革方式进行权力的重新分配，避免了出现较大的社会动荡。经过近百年的时间、数次议会改革，下院的阶级成分发生了重大变化，贵族的特权也一项项被取消。到 20 世纪初，英国最终进入民主政治，

---

① 高岱：《英国通史纲要》，合肥：安徽人民出版社，2002 年版，第 365 页。

其渐进式发展道路也为其他国家的改革提供了范例。

　　纵观英国近百年间议会改革与政治现代化历程，有以下几点启示值得关注：首先，以大众政治参与为目标的英国政治现代化，是通过渐进改革模式完成的。尽管普选权一直是工人阶级激进主义组织长期以来的奋斗目标，但其实现并非一蹴而就，而是经历了一个漫长的过程，改革式发展道路决定了政治民主化进程的渐进性。1832 年议会改革前，英国政权体系相对封闭，贵族垄断政治权力；1832 年后，经过数次议会改革，选举权逐渐扩展，最终所有社会阶层均能通过行使选举权而进入到政权体制之中。正如亨廷顿所言："政治参与的扩大意味着选举议会的权力从贵族逐步扩大到上层资产阶级、下层资产阶级，进而到农民和城市工人。英国 1832、1867、1884 和 1918 年（实际上还有 1928 年）的改革法案为这一过程勾勒了清晰的轮廓。"① 通过议会改革而带动的政治现代化，在英国是贵族阶级被迫不断妥协让步、与时俱进调整的结果。改革是英国政治现代化的推行方式，而渐进性成为其现代化道路的重要特征。

　　其次，改革现代化道路的形成需要具备相关条件。英国式改革道路的形成，从理论上看植根于英国的保守主义的土壤，从现实而

---

① ［美］塞缪尔 · 亨廷顿：《变化社会中的政治秩序》，王冠华等译，北京：生活 · 读书 · 新知三联书店，1997 年版，第 116 页。

言有三个方面的重要前提：一是人民群众坚持不懈、持续不断的斗争。自 18 世纪 60 年代开始，中等阶级和工人阶级先后通过请愿、群众集会、组建政治组织等方式向政府施加压力，其坚定的意志与顽强的精神，都使人们意识到，新的变革不可避免，阻挡变革只会造成更大的动荡，最终迫使贵族阶级做出让步，打开改革大门；二是统治阶级的适时适度让步。改革是一个既得利益重新分配的过程，对于垄断政权的贵族阶级而言，适时适度做出让步，是更好地维护自身利益的最佳选择。正如基斯·罗宾斯所指出的：议会改革及英国的现代化进程，"并不是在 1832 年蓄意计划好了的，它是由一个政治集团完成的一个调整过程。这个政治集团在不从根本危及其自身地位的限度内促成了一定程度的现代化"①。三是统治阶级内部分裂及其对改革的支持。英国议会改革的成功，是内外因素综合作用的结果。新兴的中等阶级、工人阶级制造了强大的外部压力，而贵族阶级内部辉格党对于改革的同情支持以及身体力行，则是改革成功的关键要素。

最后，是关于经济发展与政治民主之间关系的思考。18 世纪中后期，随着工业化的兴起，土地的重要性逐渐减少，工业成为财富的主要来源。一大批新兴的工业城镇涌现的同时，一些原本富庶的农业区却随着人口的流逝逐渐衰落。工厂主阶级和工人阶级在旧

---

① 王觉非主编：《英国政治经济和社会现代化》，南京：南京大学出版社，1989 年版，第 444 页。

图 2-14　1832 年改革法案的通过

有的政治体制下，他们都没有选举权，无法提出自己的政治要求，更无法捍卫自身的权益。英国的经济起飞与贵族寡头的政治集权体制形成强烈的反差。新的社会现实，对现存的政治制度形成了巨大的压力。此后，英国社会要求进行议会改革的呼声日益高涨，到1832年工业化行将完成之际，英国开始了议会改革。这表明，当经济发展到一定程度，新兴社会阶层的崛起必然会对旧有政治制度形成压力和挑战，与时俱进地推行政治改革，就成为一股不可逆转的时代潮流。

Chapter

3

引领潮流：工业文明的诞生

英国是世界上第一个工业化国家，英国人开创的工业文明改变了近代以来的人类社会。作为偏居欧洲大陆西北角的小小岛国，工业文明为何偏偏诞生于英格兰？自由放任思想与蒸汽动力的发明，如何成为近代工业社会的引擎？工厂制怎样催生出烟囱林立的工业社会？"世界工厂"的成功秘诀何在？请将目光投向工业文明在英国的兴起。

一、工业文明诞生之谜团

工业革命改变了人类历史发展的进程，其之所以在 18 世纪的英国发生并非偶然，而是英国社会经济发展到一定阶段的产物。在工业化开始的一百多年以前甚至更早，英国社会已经历了巨大变化，这些变化为工业生产力取代农业生产力创造了必要的条件。正是在一系列因素的综合作用下，工业革命率先在英国破土而出。

1. 自由的政治环境

工业革命之所以在英国发生，首先在于英国有一个相对自由的政治环境。早在中世纪，英国就开创了"自由"的传统。1215 年，国王在贵族的逼迫下，签订了《自由大宪章》。根据《大宪章》，国王若不经过贵族的同意，便不能任意增加贡赋；不经过法律的审判，就不能逮捕、处罚或处死任何人，[①] 由此确立了"王在法下、法律至

[①] 钱乘旦：《第一个工业化社会》，成都：四川人民出版社，1988 年版，第 21 页。

上"的原则。不仅如此,在《大宪章》中,国王还宣布保护商业自由,尊重市民利益,承认伦敦等城市的自治权,不再横征暴敛。臣民的私有财产权借此得到了承认和保护。此后,在整个中世纪,英国贵族又先后多次迫使国王确认《大宪章》,对王权进行约束,使得英国始终未能形成君临一切的绝对力量。

17 世纪,斯图亚特君主入主英格兰后,屡屡无视英格兰的"自由"传统,宣扬君权神授,横征暴敛,并肆意逮捕抗议者,英国人民的生命财产权为专制君主所践踏。为了捍卫"古已有之的自由",英国人民先后经过内战、光荣革命,最终推翻了专制王权的统治,确立了君主立宪政体。在此制度下,国王的权力受到限制,议会成为最高主权机构。在欧洲大陆仍处于君主专制统治之时,英国人率先创立了一种全新的政治体制。尽管此时国家政权仍由贵族掌控,但相比君主专制,这种制度已是一种莫大的进步,其营造了一种宽松、自由、平和的政治环境,使英国能够有充足的精力投身于经济发展和海外扩张,为其资本主义的快速发展创造了条件。

在君主立宪制下,作为社会精英的贵族牢牢地掌握政权,财产被视为"自由"的基本条件;但同时国家又不受一个人的摆布,经济的成长不会因有可能威胁到国王的个人权力而受到压制。[1] 由此

---

[1] 钱乘旦、陈晓律:《在传统与变革之间——英国文化模式溯源》,杭州:浙江人民出版社,1991 年版,第 80 页。

图 3-1　议会将王冠献给威廉和玛丽

可见，英国的政治自由为人们追求自身目标、最大程度地发挥创造力提供了保障和前提，英国人终于可以放手去追求财富了。在此过程中，约翰·洛克等人倡导的私有财产神圣不可侵犯的原则，在英国社会也逐渐得以确立。工业化是一个社会急剧变化、个人财富迅速增长的过程，英国在工业化来临之前就解决了私有财产的地位问题，这也是英国得以率先走上工业化的一个重要条件。

总之，英国从中世纪开始的政治发展过程，诸多因素汇集形成了一个有利于资本主义生长的"自由"的政治环境，其鼓励了英国人的创造力及进取精神。正是在这样一个宽松、自由的环境中，英国逐渐形成重视商业、富于进取、敢于冒险的社会风气。

2. 农业领域的变革

工业革命兴起的一个重要前提是农业领域的变革。尽管 18 世纪的英国仍然是一个以农业为主的社会，但从 18 世纪上半叶开始，英国农业的生产工具、生产方式及土地制度等领域发生了巨大变化，许多人将其称为"农业革命"。农业革命促进了农业市场化与商品化进程、鼓励了全社会的牟利意识，从而为工业革命的到来做好了准备。

农业革命以大地产为依托，而大地产的形成则源于圈地运动。早在 15 世纪，英国就开始了一系列的圈地，其主要是由于羊毛价格的上涨，贵族地主为了扩大牧场养殖，将农民从土地上驱逐，并将这些土地圈占起来以供养羊，托马斯·莫尔将其称为"羊吃人"运动。此后，经过宗教改革、英国内战，英国土地关系经历了巨大变化，许多土地落入了以农场经营方式经营农业的乡绅地主手中。1688 年光荣革命后，掌权的土地贵族更是通过议会立法的形式，推动圈地运动的进行，英国由此进入了"议会圈地"时期。议会通过数以百计的"圈地法",准许用栅栏、围墙或树篱去圈占往昔的公有土地和未用栅栏围住的自由牧场,圈地规模迅速扩大。随着议会圈地的推进,农场越来越大,外来访客原本惯于见到10—12英亩的小农地块,如今听到100英亩的农场还被称为"小"农场,简直不敢相信自己的耳朵。①

圈地推进了土地的集中和资本主义经营方式的发展,为农业的改良创造了条件。土地贵族充分利用资金优势,进行集约化经营,挖掘土地潜力,就连国王乔治三世都以"农夫乔治"自称,鼓励农业改良。一方面,他们在自己经营的土地上试验新品种、改良土壤、采用新的轮作制、培育优良畜种;另一方面,他们改造农具、推进机械化生产。经过一系列的改良,英国农业迅猛发展,农业生产率大为提高。1700年英国谷物产量大约是1 480万夸特,1800年增长到2 110万夸特,增长率为43%。②

圈地的推进,也使得大批自耕农失去土地,他们被迫流入城市及工业中心,成为廉价劳动力,依靠工资过活。由此可见,农业的改良为工业化的推进提供了物质保障,也造就了一批不再依赖土地之人,一定程度上为工业化提供了自由劳动力。

---

① [英]埃里克·霍布斯鲍姆:《工业与帝国:英国的现代化历程》,梅俊杰译,北京:中央编译出版社,2016年版,第96页。
② 钱乘旦、许洁明:《英国通史》,上海:上海社会科学出版社,2017年版,第214页。

图 3-2　农业革命中的农具改良

农业的改良更是为地主贵族带来了丰厚的利润，培养了他们的经营意识，追求财富成为他们的目标。贵族乡绅们利用农场的盈余大肆投资，积极投身于各种有利可图的工商业活动，成为典型的贵族地主兼资本家。18 世纪的英国社会是贵族的社会，上行下效，人人以进取、牟利为荣，全社会由此形成了一股发展生产、追求财富的社会风气。

总的来说，英国农业领域的变革不仅为工业革命的启动提供了充足的物质保障、廉价的劳动力、必要的资金，更是带动了全社会的牟利追求，促使人们不惜一切代价去发财致富。努力奋斗、追求财富的古老欲望，成为工业革命启动的精神动力。

3. 资本的原始积累

在近代大工业建立以前，一般都经历了一个资本原始积累的过程。所谓的资本原始积累，就是一方面把社会生活资料及生产资料转化成资本，另一方面把直接生产者转化为工资劳动者。英国工业革命的启动也有着一个资本积累的过程。

在英国，农民与生产资料相分离的过程，是与圈地运动密切联系在一起的。随着圈地的推进、土地关系的变革，农业生产率大幅提高，农业剩余增多，商品化程度提高，越来越多的人口也得以从农业中解放出来，去从事其他行业。因此，农业的变革既为工商业的发展提供了食品和原料，也提供了大量的廉价劳动力和必要资金。

除圈地运动外，17、18 世纪英国海外的殖民扩张活动更是为工业革命提供了大笔资金。自 16 世纪以来，英国推行重商主义，18 世纪更是重商主义的巅峰阶段。晚期重商主义者提倡对外贸易，强调贸易顺差。在重商主义的指导下，历届英国政府对外政策的核心就是争夺利润、殖民地和市场，踏平商业竞争对手，[①] 其一切经济活动就是为了牟利赚钱。为此，英国大力推行贸易保护政策，积极投入到殖民扩张活动中。

---

① ［英］埃里克·霍布斯鲍姆：《工业与帝国：英国的现代化历程》，梅俊杰译，北京：中央编译出版社，2016 年版，第 21 页。

图 3-3 18 世纪繁忙的英国海港

　　早期的殖民活动以直接掠夺为主。英国殖民者采用种种卑鄙伎俩和武力手段，巧取豪夺，盗窃殖民地的财富，抢占殖民地人民的土地。据格里戈利·金的估计，1688 年大约英国国民收入的 10% 来自海外。[①] 资本积累的另一项重要来源是奴隶贸易，其是资本主义发展史上最血腥的一页。由于黑奴价格较为低廉，付给白人几年的工钱就可以买一个黑奴，使得许多殖民者乐此不疲。英国早在

---

① 王章辉：《英国经济史》，北京：中国社会科学出版社，2013 年版，第 122 页。

16 世纪就开始了这项罪恶的活动。奴隶贩子们将本国及欧洲大陆生产的廉价工业品，如玻璃球、纺织品、刀、剑、手枪等运到非洲，用交换、欺骗或绑架等手段从非洲掳掠黑人，随后运到美洲，换取本国所急需的棉花、烟草、木材等原材料。这种贸易史称"三角贸易"。黑奴贸易利润惊人，可谓一本万利。奴隶贩子为了追求利润，更是不顾一切，船上奴隶并排而列，每个奴隶所占面积还不到一个"棺材板"的大小。仅在 1630—1790 年间，不列颠商人共将 250 万黑奴运出非洲，获纯利 1 200 万英镑。[①] 英国成为黑奴贸易中获利最多的国家。

此外，近代英国金融机构的发展，也加速了资本的流转，提高了资本利用率。英格兰中央银行、地方银行、私人银行的建立，将大量"闲钱"集中起来，并把这些资金从那些几乎不需要它们的地区转移到了那些渴求资本的其他地区转化为资本，尤其是从农业生产领域转移到工业生产领域，由此推动了英国工商业的繁荣。

4. 庞大的市场需求

工业生产的扩张和技术的变革是对需求刺激的反应。18 世纪，随着英国农业领域的变革、人口变迁以及海外殖民扩张活动的加速，

---

① 阎照祥：《英国史》，北京：人民出版社，2014 年版，第 219 页。

英国国内外市场迅速扩展，对工业制成品的需求大幅提升。市场需求的增加刺激了生产的发展，成为英国工业革命产生的重要条件。

早在16世纪，都铎君主平定叛乱，大力发展工商业，各地贸易互通有无，逐渐形成了一个以伦敦为中心的统一的国内市场。此后，随着农业生产领域的变革，英国的国内市场进一步扩大。圈地运动和农业技术变革使得大批自耕农沦为工资劳动者，依靠市场供应的人数迅速增加。而大农场的发展、农业机械的引入，也增加了对生产资料及消费品的需求，国内市场日益扩大。此后，随着圈地的推进及国内工商业的发展，越来越多的人口涌入城市。如伦敦人口从1500年的5.5万人发展到1700年的50万人；而其他城市，如布里斯托、诺维奇、伊普斯维奇和牛津等也在迅速发展。[①] 城市的发展提供了更大的商品集散地，对国内市场的增长产生了重要影响。至18世纪下半叶，英国发生人口革命，其人口的增长达到了两个世纪以来的最高水平。人口增长在进一步盘活国内市场的同时，居民收入也大为提升，人均国民收入从1689年的7英镑1先令上升到1770年的18.5英镑，平均工资在一个世纪内增加了50%。[②] 英国人可以把更多的钱用来消费，由此引发了一场消费革命。

---

① [英]罗杰·奥斯本：《钢铁、蒸汽与资本：工业革命的起源》，曹磊译，北京：电子工业出版社，2016年版，序言，第4页。

② 刘金源、洪霞：《潮汐英国人》，成都：四川人民出版社，2001年版，第109页。

图 3-4　18 世纪初的伦敦

　　在农业革命进行的同时，英国也建立了一个庞大的殖民帝国。光荣革命后，英国结束了长期的国内纷争，使得英国得以全力投身海外事业。在重商主义的指导下，英国政府大力推进海外扩张、拓展海外贸易，其战争无不为经济目的服务。在此后近一个世纪，英国开疆拓土，积极参与同欧洲各国的殖民争霸。到 1763 年英法七年战争结束时，英国已夺占了法国在北美、非洲、印度的大量殖民地，建立了以北美为中心的庞大帝国，即重商帝国。至此，英国成为继西班牙、葡萄牙、荷兰之后的最大殖民帝国。庞大的殖民地为英国提供了广阔的海外市场，英国的商品在各殖民地供不应求，不断增强的市场需求催生了国内的技术革命，带动了工业革命的兴起。

5. 科学技术的进步

技术革新是经济发展与社会变革的重要推动力量，同样也是工业革命的一个重要条件。没有技术变革，工业革命不可能发生。而技术变革，依靠的则是科学技术的进步。

科学技术的进步离不开思想的解放和教育的发展。14—18世纪英国发生的文艺复兴、宗教改革及启蒙运动，强调人的价值，呼唤自由平等，提倡科学知识，极大地解放了人们的思想，为科学技术革命做了思想上的准备。此外，英国的大学出现较早，其第一所大学——牛津大学早于八百多年前就成立了。不久，一些牛津大学的学者因与当地居民发生冲突，跑到了剑桥，随后成立了一所新的大学——剑桥大学。16世纪下半叶，伊丽莎白女王的财政大臣格雷山姆出资成立了一个讲授科学知识的学院——格雷山姆学院，不久这所学校成为英国讲授实验科学的中心。至17世纪初，科学在大学里越来越受到重视。在此基础上，英国科学技术突飞猛进，涌现了一大批杰出的科学家，如威廉·吉尔伯特奠定了电磁学的基础；牛顿更是集力学之大成，奠定了经典力学的基础。

图 3-5　近代物理学之父——牛顿

　　随着科学研究的日益活跃，一批科学家成立了一个研究交流组织——皇家学会，其任务和宗旨是："增进关于自然事物的知识和一切有用的技艺，促进制造业、引擎和其他机械的发明和制造，推进科学研究。"① 此后，英国又先后成立了"工艺、制造业和商业促进学会""伯明翰月亮协会""曼彻斯特文哲会"等研究团体。这些组织在促进学术交流和科技进步方面起到了重要作用，为英国的工

① 王章辉：《英国经济史》，北京：中国社会科学出版社，2013 年版，第 129 页。

业化培养了一批科技人才。英国人还善于引进吸收外来技术人才，
胡格诺派的玻璃匠、弗莱芒的织布工等都在英国政府的鼓励下来到
英国定居。在积极拓展海外贸易、获取利润的同时，英国人也在交
流中学习，他们先后仿制中国陶瓷、印度棉纺织品，学习欧陆精密
仪器，进而将其转化为巨大的生产力，实现了进口替代。

经过长期技术准备，英国在 18 世纪后期发生了前所未有的技
术革新浪潮。在 18 世纪 60 年代以前，任何一年中所授予的专利数
量几乎很难超过十多项，但在 1766 年，专利数陡然攀升至 31 个，
1769 年则达到 36 个。[①]创新中孕育着变革，这一时期，机器的改良、
革新涉及工业生产的各个领域，相继实现了一系列技术变革，由此
引发了意义深远的工业革命。

由此可见，工业革命之所以在英国发生，主要在于英国较早地
形成了一个有利于工业化的社会环境。从中世纪到 18 世纪，英国
政治、经济、社会乃至文化都经历了长足的发展，社会结构、经济
发展及价值取向已发展到适合于工业化的程度。这一系列的变化，
无形之中早已为工业革命的来临做好了准备。

---

① ［英］T. S. 阿什顿：《工业革命：1760—1830》，李冠杰译，上海：上海人民出版社，2020 年
版，第 10 页。

二、吹响自由主义的号角

近代早期，在重商主义的指引下，英国奉行贸易保护政策，大力推进海外殖民扩张。到18世纪后期，英国通过一系列殖民争霸战争，建立起一个庞大的殖民帝国。在广阔的市场刺激下，英国国内工业化进展如火如荼，引发了一系列的技术革新，生产效率大大提升，商品竞争力大为增强。原先的贸易保护，到此时反倒成为经济进一步发展的束缚。英国社会越来越多的人要求放弃执行多年的保护关税，实行自由贸易，为经济"松绑"。自由主义成为时代的呼声。

1. "自由放任"学说的提出与发展

亚当·斯密、大卫·李嘉图是自由主义学派的主要代言人和理论家。他们在前人研究的基础上，对重商主义理论进行彻底否定并进而提出和发展了"自由放任"学说，从而将经济学思想提升到一个新的高度。

亚当·斯密是古典政治经济学开拓者，被誉为近代经济的奠基人。1776 年，斯密出版了自己用近十年时间创作的经济学著作《国民财富的性质和原因的研究》(简称《国富论》)。该书被誉为"第一部伟大的完整的政治经济学著作"。此书着重说明了人的本性及个人与社会的关系，系统地提出了全新的自由主义的经济主张。斯密认为，人类行为是由六种基本动机推动的：自爱、同情、追求自由与欲望、正义感、劳动习惯及交换。[①] 人的本性大同小异，人人都是他自身利益的最好判断者，而追求个人利益也是经济生活中正当的原动力。因此，应该给予人们按自己方式行动的自由。

斯密曾经说过这样的话："他们之所以吃得上饭并不是由于屠户、酿酒工人或面包大师傅的仁慈，而是出于他们自身利益的考虑。"斯密将这种努力赚钱的人称为"经济人"，个人为了谋求自己的私利而发展生产，提高生产效率，由此而造福于全社会。斯密的说法是，每个人"只是打算赢得他自己的利益，但他确实是被'一只看不见的手'带领着去促成一种不是他原来希望的结果……通过追逐他自己的利益，他经常将社会推进到更有效的状态"[②]。因此，人们

---

① 钱乘旦、陈晓律：《在传统与变革之间——英国文化模式溯源》，杭州：浙江人民出版社，1991 年版，第 99 页。
② 阎照祥：《英国政治思想史》，北京：人民出版社，2010 年版，第 180—181 页。

图 3-6   亚当·斯密雕像

不必为追求自己的私利而感到羞愧。于是，追求财富变成正常的伦
理。这只"看不见的手"，实际上就是一种"自由放任"的市场机制。
在斯密看来，自由市场会给社会带来数量、价格合适的产品，买卖双方皆可以最大限度地买到自己急需的商品，并出售自己多余的产品，不受赋税限制的企业符合公众的最大利益。因此，斯密反对政府对商业和市场的干涉，反对关税保护，主张政府应该创造一种自由、公平的环境，以保障自由市场的自我调控机制。

这就是"自由放任"理论，其为人们放手追求财富作了道德上的辩解，追求利润被看成造福社会、利国利民的事情。在斯密以后，有许多学者追随他的足迹，继续发展和宣传"自由放任"学说。大卫·李嘉图则是斯密事业的最佳继承人和学说的发扬者。李嘉图赞成斯密对国家职能的看法，反对政府对经济的干预。他从斯密关于个人劳动分工的理论中得到启发，进而分析了国与国之间的贸易，提出了比较优势的国际分工理论。

李嘉图认为，只有在政府不干涉对外贸易、实行自由贸易的条件下，各国才能够最有效地利用自己的相对优势。正如李嘉图所言，"在商业完全自由的制度下，各国都必然把它的资本和劳动用于最有利于本国的用途上，这种个体利益的追求很好地和整体的普遍幸福结合在一起"[1]。他的学说论证了自由贸易的优越性，为自由贸易提供了坚实的理论基础。

总之，李嘉图的理论既反映了英国社会要求扩大国际市场的愿望，也为其他国家提出了一种国际贸易分工的理论依据。他发展了

---

[1]　刘成等：《英国通史》（第五卷），南京：江苏人民出版社，2016年版，第102页。

斯密的"自由放任"的学说，更彻底地否定了政府的作用，最终形成经济自由主义，基于自由主义的工业民族精神由此形成。

2. 自由贸易成为国策

经济思想的转变表现在经济政策的转变中。从 18 世纪末开始，自由主义的经济思想逐渐被英国统治阶层所接受。时任英国首相的小皮特是"自由放任"理论的崇尚者，据说在一次亚当·斯密参加的聚会上，当斯密邀请其入座时，身为首相的皮特拒绝坐下，并表示："不，我们会一直站着，到您坐下为止，因为我们都是您的学生。"小皮特当政时期，采取了一些以自由贸易为导向的政策。但传统的重商主义政策并未在自由主义的冲击下顷刻瓦解，其完全胜利尚需经过一番抗争。

工业革命前，英国政府奉行重商主义，在维护土地贵族利益的前提下，长期实行限制进口、鼓励出口的保护关税政策。最典型的表现就是在 1815 年制定的《谷物法》。法案规定：当国内小麦价格低于每夸特 80 先令时，禁止外国谷物进口。[①] 这显然是在人为地抬高粮食价格，其目的是维护土地贵族的利益，因为只有他们从高粮价中获利，时人将其称为"阶级立法"。《谷物法》的实施，遭到劳工群体和工厂主阶层的痛恨，因为收入较低的劳工群体买不起食物，

---

① 阎照祥：《英国史》，北京：人民出版社，2014 年版，第 313 页。

而工厂主们则由于高粮价抬高了英国工业品的生产成本，在国际市场是竞争乏力。为此，在此后二三十年里，反对者一再举起"自由放任"的旗帜，要求废除《谷物法》，改变现行的经济政策。

1819年，李嘉图当选为议员，他在议会中屡屡发言抨击《谷物法》，宣扬自由贸易，道出了工业资产阶级的心声。翌年，曼彻斯特的商人和工业家以该市商会为基地，形成著名的"曼彻斯特学派"。他们为反对《谷物法》进行了坚决的斗争。他们高呼废除《谷物法》，取消关税保护，改行自由贸易，成为反《谷物法》的急先锋。1828年，迫于党内外压力，首相威灵顿公爵修改了《谷物法》部分条款，但并未消除工厂主的怨气。此后，反《谷物法》运动愈演愈烈。

1836年，兰开夏激进派成立"反《谷物法》协会"；伦敦一批激进派议员成立"反《谷物法》同盟"；1838年，曼彻斯特接过"反《谷物法》"大旗，成立了以科布登和布赖特为首的"反《谷物法》同盟"。在他们的领导下，同盟在全国各地建立分会，形成了全国性的"反《谷物法》运动"。"反《谷物法》同盟"召开群众会议，出版书刊、小册子，进行宣传演讲，通过群众运动的方式向政府施压。他们仅在1840年就向议会呈递了七百多件请愿书。面对声势浩大的群众运动，皮尔政府审时度势，最终于1846年废除《谷物法》。消息一经传出，广大民众奔走相告、集会庆祝。

"反《谷物法》运动"使得自由贸易学说得到更为广泛的传播。1849年，英国政府废除了实行两百多年的《航海条例》。《航海条例》

图 3-7   "反《谷物法》同盟"会议

规定，在英国与殖民地之间运送货物，只能用英国船只，其目的是排挤其他国家的竞争，发展本国的航海事业及对外贸易。《谷物法》和《航海条例》的废除，宣告了英国自由贸易政策的胜利。此后，自由贸易的理论与实践高歌猛进，英国多次取消一些商品的进口关税，征收关税的品种从 1840 年的 1 100 种减至 1860 年的 50 种。[①]

---

①   王章辉：《英国经济史》，北京：中国社会科学出版社，2013 年版，第 263 页。

自由放任主义得到了充分的体现。

1852 年，议会正式宣称自由贸易是英国的国策。至此，自由主义经济理论成为英国国家的正统学说，英国进入了全面的"自由贸易"时代。在自由贸易政策的指导下，英国工业品畅销全球，经济空前繁荣，英国由此进入了维多利亚时代的鼎盛时期。

3.自由贸易的全球推广

19 世纪上半叶，自由贸易理论彻底取代重商主义并成为英国国家的正统学说，英国正式走上了自由资本主义发展道路。此后，英国在国际上积极宣传和推广自由贸易理论和政策，经济自由主义的时代终于来临了。

英国所推行的自由贸易政策对欧洲大陆国家产生了很大的影响。欧洲许多国家的制造业主和经济学家组织起来，要求削减关税并废除针对一些重要工业品进口的禁令。此后，奥地利、普鲁士等近邻国家互减关税，比利时、西班牙、俄国等国家也相继降低了关税。

从 19 世纪 60 年代起，英国与欧洲国家签订了一系列贸易协定，尤其值得一提的是英国与法国在 1860 年签订的贸易协定。英国与法国世代不和，近代以来更是为欧洲争夺霸权而陷入长期纷争的敌对状态，为了增强与法国这个欧洲大陆上最重要的国家的贸易关系，英国派出自由贸易政策的倡导者理查德·科布登前往法国进行谈判。1860 年 1 月，科布登和米歇尔·谢瓦利埃分别代表英法两国签订"英法商约"，史称《科布登－谢瓦利埃条约》，有效期为 10 年。这是英国与欧陆国家签订的第一个自由化的双边贸易协定。根据协定，英国废除了对法国制成品的保护性关税，并降低了法国白兰地和葡萄酒的进口关税；法国则取消了英国商品进入的禁令，代之以不超过价格 30% 的进口税，并将酒的关税降低了约 80%。①

双方除互减关税外，1860 年英法商约还引入了最惠国待遇条款，即缔约双方给予第三国的一些新的优惠都必须同时给予另一方。例如，法国在废除了从比利时进口煤炭的关税以后，从英国进口煤炭的关税就自动废除了。② 这一条款将与以后任何同英、法签订贸易协定的单个国家的关税让与权适用于整个"最惠国集团"，从而在 19 世纪下半叶欧洲大陆的关税史和贸易自由化过程中起了重要作用。在英法商约签订后，英、法两国又分别同丹麦、瑞典、挪威、德国、意大利等国家签订了类似商约，从而导致了欧洲大陆关税的"歇战"，欧洲多数国家也由此加入了《科布登－谢瓦利埃条约》所构建的自由贸易网络。③

---

① ［英］彼得·马赛厄斯、悉尼·波拉德主编：《剑桥欧洲经济史》（第八卷），王宏伟、钟和译，北京：经济科学出版社，2004 年版，第 35 页。
② 王章辉：《英国经济史》，北京：中国社会科学出版社，2013 年版，第 264 页。
③ ［英］克拉潘：《现代英国经济史：1850—1886 年》（中卷），姚曾廙译，北京：商务印书馆，2009 年版，第 318 页。

　　自由贸易政策在国际上的推广，极大地扩大了英国商品的销售市场和原料产地，也降低了英国工业制成品的成本。正是通过签订商约、互减关税等一系列措施，欧洲各国的粮食、木材等工业原料源源不断地进入英国，它们则从英国进口了大量的机器和精良的工业品。物美价廉的英国工业品行销世界，促进了英国经济的繁荣。不列颠由此进入了自由资本主义的鼎盛时期。

三、工业化社会的来临

　　"革命"意味着一种方式的急剧转变和一种制度的更新换代。工业革命之所以是一场"革命"，是因为其不仅是一次技术革新，更是一场深刻的社会变革。它涉及技术、生产关系、生活方式乃至社会结构等方方面面的变化。工业革命的一系列进展，使得英国的社会面貌发生了巨大变化，一个崭新的工业社会诞生了。

1. 纺织业的技术变革

　　英国工业革命的技术革新首先发生在棉纺织业中。不管是谁，凡是谈到工业革命，必然会说到棉纺织业。英国的纺纱织布历史悠久，不过长期却以毛纺织业为主。17世纪，在印度物美价廉的细棉织品的刺激下，英国一个新兴的手工业部门——棉纺织业发展了起来。那么，这个新兴的工业部门又是如何成为工业革命的领跑者的？

作为一个新兴的行业，人们可以在它身上大胆地尝试各种想法，而不必担心遭到行业法规的制裁，[①]这在客观上为其快速发展创造了条件。为了同印度的棉织品竞争，降低成本、扩大产量，适应日益扩大的市场需求，许多人积极从事技术革新。当时，棉纺织业主要分为纺纱和织布两个部分，如何加快纺纱和织布的速度，成为增强竞争力的关键。1733 年，织布方面率先出现一项重要的技术革新——织工约翰·凯伊发明了飞梭。在这之前，织工织布时，通常将梭子从一只手投到另一只手，如此反复，不仅费力，而且速度极慢。飞梭则是将梭子装在一个滑槽上，织机两边各装一个木槌，并以两根细绳相连在一个手柄上，织工使用一只手便可以实现梭子的来回移动，它能让单个织工——坐在织机上并手握系在木槌上的线串——完成之前需要两个男人才能做完的织布工作。[②]凯伊的飞梭很快应用到生产中，到 1760 年时，织布的速度已提高了一倍以上。而此时的纺纱仍由纺纱工一手摇纺车、一手捻线，其速度远远跟不上织布的需要，引发了严重的"纱荒"。人们又开始寻找提高纺纱速度的方法。

1765 年，一位名叫哈格里夫斯的织工发明了同时能纺 8 根纱

---

① 张美、鞠长猛：《现代世界的引擎：工业革命》，长春：长春出版社，2012 年版，第 72 页。
② ［英］T. S. 阿什顿：《工业革命：1760—1830》，李冠杰译，上海：上海人民出版社，2020 年版，第 41 页。

的机械纺纱机。据说是哈格里夫斯恰好看到自己女儿的纺车翻倒后才有的灵感，因此他以自己的女儿命名为"珍妮机"。此后，珍妮机一再改进，1783 年，鼓励艺术、制造业和商业协会曾报道："制造这种机器，即所谓的珍妮纺纱机的技术，已经获得很大程度的提高，这种机器现在已经达到了完美的程度，一个女人可以同时轻易纺 100 根线。"[①] 珍妮机结构简单，造价便宜，极大地提高了棉纱的产量。随着珍妮机的推广，越来越多的旧式纺车被扔到垃圾堆里。珍妮机的出现，被人们视为英国工业革命的起点。

图 3-8　珍妮纺纱机

---

① ［英］罗杰·奥斯本：《钢铁、蒸汽与资本：工业革命的起源》，曹磊译，北京：电子工业出版社，2016 年版，第 150 页。

　　珍妮机的改进，提高了生产效率，但也存在一些缺点，其纺出的纱细而易断，只适合做纬线。随着纺车纱锭的增多，人力转动也越发困难。1769 年，理查德·阿克莱特发明了以水力带动的纺纱机，称为"水力纺纱机"。水力替代人力是一个巨大的进步，其一开始就作为工厂机器投入使用。水力纺纱机纺出的线结实坚韧，却比较粗糙，只适合做经线，还不能完全取代珍妮机，两种机器可互为补充。1779 年，工人出生的克朗普顿结合珍妮纺纱机和水力纺纱机各自的长处，发明了走锭精纺机。由于这种机器杂糅了双方的优点，因此被称为"骡机"。骡机纺出的纱线精细且结实，且能同时带动数百个纱锭，大受用户欢迎。纺纱技术的一系列进展刺激了织布技术的革新。

　　1784 年，牧师埃德蒙·卡特莱特与当地一些实业家共进晚餐时，听到了这样一个问题，即"他们能够大量、高效地生产毛线，但在纺织过程中，存在着一个瓶颈。因为当时纺织还没有实现自动化，还需要靠人力纺织机，所以对纺织工而言，毛线的供应当时远远超出了他们的工作能力"[①]。还未见过织布机的卡特莱特坚信自己可以发明一台这样的机器，经过反复试验，他终于发明了水力织布机，使得织布效率大为提升，纺纱与织布达到了新的平衡。

---

① ［英］萨利·杜根、戴维·杜根：《剧变：英国工业革命》，孟新译，北京：中国科学技术出版社，2018 年版，第 52 页。

正是在这样一个人人皆可成为发明家的年代，英国棉纺织业率先开启了机械化进程，由此引发了与纺织业相关的机器的改良与发明，英国棉布生产的净棉、梳棉、漂白、印花及整染技术也得到相应改进，英国纺织业的生产效率大为提高。物美价廉的英国棉纺织品行销世界，垄断了国际市场。在棉纺织业的冲击下，其他生产部门纷纷革新技术，采用机器生产，英国工业由此出现了全面的技术革新。

2. 蒸汽机的发明及推广

随着纺织行业的技术变革，出现了一系列大型的机器，人力操纵越发不便，于是水力成为纺织机械的主要动力。这使得棉纺织业一开始就集中在水力资源丰富的地方。但水力也存在诸多弊端：一方面，水轮机需安装在河流湍急之处，但受季节、水流变化的影响，其动力往往不太稳定，而且这些地方交通多有不便，增加了运输费用；另一方面，水轮机架于河流上，既难制动，一旦出现故障，修理起来也甚是麻烦。因此，能否找到一个比水力更好、且能在任何地方安装的动力机，成为工业革命发展的关键。

早在1698年，一位名叫托马斯·萨夫里的英国人就发明了利用蒸汽驱动的抽水机，但不太稳定，且易爆炸。1705年，英国铁匠纽卡门经过长期研究，发明了空气蒸汽机，即利用蒸汽的冲力将矿井中的积水排出，并克服了易爆危险。但纽卡门蒸汽机耗煤量很大、且效率较低，因此还不能作为动力机广泛应用到工业生产的各个领域。

这一问题最终由苏格兰机械师詹姆斯·瓦特解决。提起瓦特，不禁让人想起一位小朋友观察茶壶烧开水的图片。瓦特是格林诺克一位木匠技师和造船工人的儿子，年轻时曾去伦敦学习仪器制造技艺。1761年，在格拉斯哥大学担任仪器制造师的瓦特，在修理一台纽卡门蒸汽机时，发现其蒸汽损耗较大。对科学有着强烈求知欲的瓦特，与格拉斯哥大学的研究人员就这一问题进行了多次交流和探讨，他花了好几个月来思考如何解决。此后，经过多年的试验与研究，瓦特终于在1769年发明了一台汽缸与冷凝器相分离的单动式蒸汽机。这种蒸汽机转动快，耗煤少，但只能单向往复，可以说仅是"纽卡门蒸汽机"的一种改良版。

不久，一位具有敏锐商业判断力的工厂主马修·博尔顿写信给瓦特，"您需要有一位'助产士'来减轻负担，并且把您的产儿介绍给全世界"①。此后，正是在博尔顿的资助下，瓦特继续进行研究，终于在1782年发明了新的蒸汽机。这种蒸汽机将活塞紧密地装在一个汽缸里，并与一个曲轴相连，在蒸汽的膨胀作用下，活塞的往复运动通过曲轴变成了旋转运动。因此，这种装置又被称为"复动

① 张美、鞠长猛：《现代世界的引擎：工业革命》，长春：长春出版社，2012年，第107页。

式蒸汽机"。同时，这种蒸汽机还安装了调速器，可自动控制机器的运转，功效大为提高。

复动式蒸汽机的发明，解决了生产中的动力问题。作为蒸汽机的第一个制造商，博尔顿几乎成了名实相副的工业革命的原动机。正如他写给叶卡捷琳娜二世所言："我出售的是全世界所需要的——动力。"① 瓦特和博尔顿的蒸汽机首先应用于棉纺织业。此后，冶金、酿造、煤炭、车船制造等行业相继引入。由于它不受地点、季节的限制，可普遍应用于各类行业，因此又被称为"万能蒸汽机"。"万能蒸汽机"推动了英国各个部门的机械化，并由此引发了一个新的部门——机器制造业的产生。此后，英国蒸汽机零部件生产日益标准化，加速了蒸汽机的推广应用。蒸汽机的广泛应用，推进了工业革命的进程。

蒸汽机是工业革命中最伟大的发明，也是动力领域一场伟大的革命。它不仅解决了英国工业化进程中的动力问题，更使得人类能够以自己创造的动力来驱动机器；它以一个统一的动力——蒸汽动力——将各个生产部门联系在一起，打破了以往各行各业分散孤立的局面，由此推动了英国全方位的机械化浪潮。在蒸汽机的驱动下，无数工厂拔地而起，由此兴起了一座座工业城镇，加快了英国的城

---

① ［英］约翰·德斯蒙德·贝尔纳：《历史上的科学》（卷二），伍况甫、彭家礼译，北京：科学出版社，2015年版，第406页。

图 3-9　瓦特、默多克和博尔顿雕像

市化进程。此后,随着机器制造业的勃兴,英国蒸汽机开始批量生产,随即出口到国外,被欧美各国广泛采用。人类由此进入"蒸汽时代"。

3. 铁路时代的到来

交通运输业的进步是英国工业革命的一个显著特征。随着工业化的推进,英国的商品生产速度突飞猛进,消费市场日益扩大。传统的交通运输方式,不论是马车还是运河,都无法满足日益增长的货物流通的需要。如何突破这一瓶颈,成为继续推进工业革命的关键。不久，英国首创了一种全新的运输方式，这就是铁路的诞生。

铁路原是采煤业的产物，把发动机配上轮子改成机车这件伟大的革新，也是在矿场上试做的最为成功的。[①] 早在火车出现之前，英国一些煤矿已铺设轨道，让马拉着有轮的车厢在轨道上运行。19世纪初，一些人开始试验用蒸汽机来带动这些车厢。1803年英国人理查德·特里维西克试制成功了世界上第一台蒸汽机车。1814年，乔治·史蒂芬森制造出一台更加完善的蒸汽机车，解决了以往机车经常脱轨的问题，但噪音极大，且运行过程中车身震动厉害、烟筒中不断喷射着火苗，"火车"之名由此而来。

此后，他继续改进设备，经过长达11年的艰苦研究，史蒂芬森终于获得成功。1825年9月，史蒂芬森亲自驾驶其制造的"旅行号"机车，牵引着装载450名乘客、90吨货物的列车，由达林顿驶往斯托克顿，机车最高时速达25英里（约40千米）。1830年曼彻斯特至利物浦的铁路正式开通，包括首相威灵顿公爵在内的一大批政界名人登上了首发列车。作为首批乘坐火车的幸运者弗朗西斯·肯布尔如此写道："大群的人站在道路两旁，当我们飞驰而过的时候，他们挥舞着帽子和手帕。随着这些欢乐的人群的所见所闻和我们经过他们时惊人的速度，我的情绪达到了顶点，我从来没有像刚才出

---

① ［英］约翰·德斯蒙德·贝尔纳：《历史上的科学》（卷二），伍况甫、彭家礼译，北京：科学出版社，2015年版，第421页。

图 3-10 铁路时代的到来

发这一个小时这样享受过。"① 铁路运输的优越性日益体现。

随着蒸汽机车技术的成熟，英国兴起了修建铁路的热潮，无数商人、贵族纷纷投身于铁路的建设之中。1838 年，全国已修建铁路 743 英里（约 1181 千米），运载旅客 540 万人次。1842 年，维多利亚女王首次乘坐蒸汽机车，从斯劳坐到了帕丁顿，这给铁路带来了更大的声望。② 到 19 世纪中叶，英国的铁路布局已基本完成，形成了覆盖全国的铁路网，其密集程度，直到 20 世纪末都尚未被绝大多数发展中国家所超越，铁路由此成为英国最重要的交通运输方式。铁路建设带动了英国相关产业的发展，成为这一时期英国经

① ［英］罗杰·奥斯本：《钢铁、蒸汽与资本：工业革命的起源》，曹磊译，北京：电子工业出版社，2016 年版，第 254 页。
② ［英］萨利·杜根、戴维·杜根：《剧变：英国工业革命》，孟新译，北京：中国科学技术出版社，2018 年版，第 35 页。

济的增长点。

铁路的建设，改变了英国社会，改变了英国的地理空间和社会空间。它不仅将英国各地连成一体，使得人员和货物的流通更为顺畅、市场的联系更为紧密。它还改变了人的思维模式及时间观念。伴随铁路运输的加快，人们的生活节奏也在加快，过去要数月才能到达的地方，现在短短几天即可到达。与此同时，火车并不等人，其本身就体现着强制，男女老幼不分等级共乘一列火车，由此而冲击了传统的等级界限，教会人们遵守规则、遵守纪律。

随着英国国内铁路支线建设的完成，英国商人开始在全世界推广蒸汽机车、承接铁路工程。不仅如此，英国还为修建这些铁路提供配套设备、贷款和技术人才，带动了世界主要国家的铁路建设，人类由此进入"铁路时代"。

4. 工厂制的兴起

工业革命不仅是生产技术的革新，也涉及生产组织形式的变革。在工业革命中，英国人率先突破传统的家庭手工业和工场手工业，实现了生产组织形式的变革。这一生产组织形式至今仍是人类社会最基本的生产组织形式，这就是工业革命时期新兴的工厂制。

随着工业化的推进、大机器的出现，扩大工作场地、变革生产组织形式成为工业化生产的必然要求。1769 年，水力纺纱机的发明者阿克莱特在克朗普顿的河边，建立了世界上第一个现代意义上的工厂。在他的工厂里，一台水轮机带着许多台纺纱机同时运作，数百名工人要听从指挥，跟随机器的节奏进行劳动。工人们各司其职，相互配合，保证了生产工序的有序进行，极大地提高了生产效率，一种新的生产组织形式由此产生了。在这种生产组织形式中，工人必须严格遵守纪律，坚守岗位，按规定上班下班、交接工作，不能自由散漫，否则一个人的延误就会影响整个工序。可见，这种工业组织形式的本质不在于使用机器，而在于创造了一个新的工作场所。在这里，工人们集体劳动、团结协作，固守时间与纪律。一位旅行记的作者约翰·宾曾经写道："我看见工人们在 7 点起床，一大群年轻人由于外来的关系，像一家人一样一起工作生活，一大帮人为了工厂整夜地工作，从不停歇。"[①] 这就是新兴的工厂制。

不久，阿克莱特又在诺丁汉、曼彻斯特等地投资建厂，获得了巨大的商业成功。由此引发了英国兴建工厂的浪潮，棉纱厂如雨后春笋般在英国建立。工厂制在英国出现后，随即向其他行业扩展。许多不能使用机器的行业，也纷纷采用这种生产组织形式，如服饰、钟表、首饰等工艺程序较为复杂的行业。最为典型的就是乔赛亚·韦奇伍德的陶瓷工厂。韦奇伍德出生于陶工世家，从小即在家庭作坊

---

① ［英］罗杰·奥斯本：《钢铁、蒸汽与资本：工业革命的起源》，曹磊译，北京：电子工业出版社，2016 年版，第 174 页。

图 3-11　理查德·阿克莱特的工厂

里制陶，热衷于研究陶瓷技术。1769 年，韦奇伍德开办埃特鲁利亚陶瓷工厂。与传统作坊中由一个制陶工匠完成所有制陶工作不同的是，厂主韦奇伍德将制陶流程重新安排。他将制陶流程分为制土、造胚、上釉、烧制和上色等多道工序，每道工序指定专人负责，实行明确的劳动分工。工人们按固定的节奏完成自己的任务，服从统一的管理。由于分工明确，每个人又只负责一道工序，这使得他们迅速成为自己工序的行家里手，不仅速度快，而且质量大为提高。

　　韦奇伍德还根据每道工序需要的平均工作量计算出每个车间需要的人数，据此给每个工人规定工作量，并按照年龄、性别安排工种。如此一来，陶瓷制品的生产成本也大为降低。此后不久，韦奇伍德的陶瓷制品即在英国市面上迅速流行开来。

　　"工厂"把不同流程组合成合乎逻辑的一个循环，其中每个流程都有一台由专门"人手"所照应的机器，把各个环节连接起来的是"发动机"不通人性、永远不变的节奏。[①]"工厂制"的优越性，逐渐向各行各业扩展，19 世纪初，纺纱、织布、冶铁、锻造、蒸汽机制造等形形色色的工厂涌现在英伦大地上。到 19 世纪中叶，英国大多数行业，都相继实现了工厂生产。在城乡各地，无数家工厂拔地而起，烟囱林立，英国的工厂工人也大量增加。日子不再按日出日落来过，也不再按季节的变换来过。工厂的铃声和汽笛声就是一切，因为工厂主关心的，就是对工人和机器的充分使用。[②]英国在工业革命中率先建立先进的生产组织形式——工厂制，为人类社会工业生产方式的确立做出了重大贡献。

　　工业革命使英国社会发生巨大变革，机器的使用、蒸汽动力的推广及工厂制的确立促进了英国的经济发展，也改造了英国社会，大机器工业和机器工厂取代了手工业和手工工厂，英国的生产力迎来了一次巨大的飞跃，社会结构及生产关系也发生重大改变。至此，安详宁静的田园牧歌式生活一去不复返，英国由此步入了一个前所未有的工业社会。

---

① ［英］埃里克·霍布斯鲍姆：《工业与帝国：英国的现代化历程》，梅俊杰译，北京：中央编译出版社，2016 年版，第 57 页。
② ［英］萨利·杜根、戴维·杜根：《剧变：英国工业革命》，孟新译，北京：中国科学技术出版社，2018 年版，第 23 页。

四、世界工厂铸就霸权

19 世纪中叶，英国完成了工业革命。经过工业革命的洗礼，发生翻天覆地变化的英国，社会生产力得到极大的解放，工业生产能力也大为增强，最终发展成为"世界工厂"。傲立于世界民族之林的英吉利人，以无比自信的姿态召开了"世界工业博览会"，向世人展示了英国的伟大业绩。凭借无与伦比的工业与贸易优势，偏居北海之隅的小小岛国，也一跃成为一个前所未有的工业霸主。

1. 工业革命的完成

19 世纪中叶，机器大工业彻底战胜了手工制造业，英国工业革命完成了。工业革命不仅是英国社会生产力的一次重大飞跃，更使得英国社会面貌呈现出神话般的变化，英国实现了由农业社会向工业社会的飞跃，近代工业国家形成了。

工业革命是一场技术革命，它致使社会生产力飞跃发展，由此引发了整个经济领域的革命性变化。工业革命大大提高了英国的生产效率,纺织、煤炭、钢铁等代表性行业突飞猛进。以生铁产量为例,在 18 世纪 80 年代时, 英国的铁产量还小于法国; 但是, 到 1848 年时, 英国的铁产量几乎达到 200 万吨, 比世界其他地区铁产量的总和还要多。[①] 随着工业化的推进, 产业结构也发生了较大变化。1801 年时,农业在国民经济中尚占据主导地位。随着工业化的推进,农业在国民经济中的地位直线下降, 工业则直线上升。到 1861 年,英国工业产值已经是农业的两倍还不止。英国率先实现了由农业国向工业国的转变。

工业革命也是一场深刻的社会变革,人口结构、阶级结构都发生了相应变化。工业化创造了惊人的财富,英国国民收入及生活水平得到显著提高, 使得人口死亡率下降, 人口增长迅速, 1750—1850 年一个世纪期间, 大不列颠和爱尔兰的人口总数增加了两倍,从 1750 年的 1 000 万人左右增至 1850 年的 3 000 万左右。[②] 随着新型工厂的兴起, 大量童工与女工也进入工厂, 沦为工资劳动者。随着工厂工人的大量增加, 出现了两大对立阶级——工业资产阶级与工业无产阶级,这两大阶级的矛盾成为近代社会的主要矛盾。

① [英] H. J. 哈巴库克、M. M. 波斯坦主编:《剑桥欧洲经济史》(第六卷), 王春法、张伟等译,北京: 经济科学出版社, 2002 年版, 第 307 页。
② [美] R. R. 帕尔默、乔 · 科尔顿、劳埃德 · 克莱默:《工业革命: 变革世界的引擎》, 苏中友、周鸿临等译, 北京: 世界图书出版公司, 2010 年版, 第 9 页。

工业革命还开启了城市化的大门。除农村人口向一些传统城镇转移外，一些煤铁资源丰富的地区也因工厂的建立，吸引了大批劳动力，形成了新的工业中心，并逐渐发展为城市，诸如曼彻斯特、利物浦、伯明翰、格拉斯哥等就是在这一时期发展起来的，英国城市化进程大大加快了。1750年，英国只有伦敦和爱丁堡这两个城市拥有5万以上的居民，1851年则达到21个，其中9个城市的居民均超过10万。至此，住在城里的英国人已超过住在乡下者，而且1/3的英国人居住于5万人以上的城市。城市压倒了农村。由此可见，工业革命在变革生产方式的同时，也在以新工具、新动力、新的工作场所改变人们的生活方式。

伴随工业革命的完成，工业发展的成果也越来越为下层民众所享。工厂生产迎合市场需求，以利润为导向。随着越来越多的大机器投入使用，许多以往因生产限制、仅面向贵族生产的奢侈品，如陶瓷、棉织品、火炉等，现在也因批量生产的实现开始面向大众，进入寻常百姓人家。英国的商品之丰富令世人瞩目，以至于托马斯·麦考利断言："我们有理由保证人们活得更长，因为人们有更好的食物、更好的居住条件、更好的衣服、更好的疾病防治；这些改善都是源于生产体系带来的国家财富的增长。"①

① ［英］罗杰·奥斯本：《钢铁、蒸汽与资本：工业革命的起源》，曹磊译，北京：电子工业出版社，2016年版，第318页。

图 3-12　19 世纪末的百货商店

总之，到 19 世纪中叶，英国已经是一个工业化国家。工业革命这场历史上伟大的革命，造成了英国社会的整体变动，开启了一种全新的生活方式。开路先锋的独行无双，使英国率先进入工业社会，并为英国登上发展的顶峰铺平了道路。

2. 水晶宫下的异彩

工业革命极大地促进了英国生产力的发展，使英国成为世界上的一流强国。1851 年，完成工业革命的英国以其巨大的号召力，在首都伦敦举办了一次"世界工业博览会"。博览会由维多利亚女王的丈夫阿尔伯特王子亲自主持筹办，向世人展示了英国工业革命的巨大成就。这次博览会，也是人类历史上的首届"世博会"。

为了举办这次博览会，英国政府专门在伦敦海德公园建造了一座雄伟的展厅，该展厅完全由玻璃与钢架构建而成，因此又被称为"水晶宫"。"水晶宫"由著名的温室设计师约瑟夫·帕克斯顿爵士设计，他创造性地采用花房式圆顶构架，使得展厅通体透明。"水晶宫"长560多米，高20多米，占地37 000多平方米，相当于圣彼得教堂的4倍,造价高达8万英镑,①这在当时几乎是一个天文数字。尽管工程浩大，但仅用几个月就完成了设计与建造。"水晶宫"本身就昭示了工业革命的巨大成就，成为本次世博会的标志。

"水晶宫"建成于1851年，最初位于伦敦市中心的海德公园内，是世界工业博览会场地。1854年被迁到伦敦南部，在1936年的一场大火中被付之一炬。英国前首相丘吉尔曾表示它的烧毁是"一个时代的终结"。2013年10月5日，中融集团董事长倪召兴表示，计划斥资5亿英镑,在原址重建这一地标性建筑,曾辉煌一时的"水晶宫"可能会再次矗立在伦敦南部，但其后重建问题不了了之。

"水晶宫"不仅宏达敞亮，其内部产品更是惊艳世人。此次博览会共有14 000多家厂商的产品参与出展，其中英国厂商占了一半左

① 钱乘旦、许洁明：《英国通史》，上海：上海社会科学出版社，2017年版，第221页。

右。作为率先步入工业社会的国家，英国厂商提供的几乎全是工业革命中出产的新产品，相比之下，外国商家所陈列的商品几乎全是农业产品或手工制品。一进展厅大门，迎面而来的是一整块重达 24 吨的煤块，让人感受到工业的巨大威力。随后，来宾们会看到形形色色的展品，这里既有旋转不停的纺纱机、各式各样的起重机、自动织布机、重达 30 多吨的火车头、能举重近千吨的压力机等工业机械，也有收割机、蒸汽犁、打谷机等农业机械，无不让参观者惊异感慨。

此外，形体各异的桥梁、隧道、码头、运河及高速汽船的模型，以及来自印度的标本大象、重达 186 克的大金刚钻，令人为之炫目。相比之下，外国商家所展出的农产品，黯然失色，更反衬出英国的发达。英国的创新产品，展示了人类无限的想象力，也代表着世界工业的发展方向。中国广东商人徐荣村将自己经营的"荣记湖丝"装成 12 捆，托运往英国参展，终于质压群芳，脱颖而出，夺得大奖。

1851 年 5 月 1 日，博览会正式开幕。开幕式当天，人潮涌动，50 多万人云集在海德公园周围，盛况空前。维多利亚女王兴奋之情也溢于言表，她在日记中写道，"今天，是我一生中最伟大、最光辉的日子。我亲爱的阿尔伯特的名字将和这一天同样永垂不朽。对于我来说，这是最值得骄傲和喜悦的一天"①。这次博览会历时 140 天，根据参观时间的长短，主办方出售了 1 先令、半克朗及 1 英镑等价格不等的门票，

---

① 刘金源、洪霞：《潮汐英国人》，成都：四川人民出版社，2001 年版，第 130 页。

既丰富了来宾们的选择，也扩大了消费群体。人们从四面八方乘着特别列车经过一天的行程便可来到首都，尽管旅途使人筋疲力尽，却也令人兴奋。^①其间，上至王公贵族，下至平民百姓，前后共有600多万人步入水晶宫，许多外国人也慕名前来。曾两度光临"水晶宫"的小说家夏洛特·勃朗特如此写道，"似乎只有神助才能做出这样光鲜亮丽、色彩纷呈的布置。走廊上的人流，好像被一股无形之力摄住一样。3万观众，听不到一声喧哗，看不到一点不规矩的行为"^②。

"世界工业博览会"的举办，与其说是各国产品的一次世界性展览，倒不如说是英吉利民族以无比自信的姿态，向世人展示了其自身的繁荣与富足、超前的技术及巨大的创造力。它向世界宣告，英国已进入工业时代。

3. 如日中天的世界工厂

"世界工业博览会"向世界展示了英国在工业产品方面的绝对优势。也正是在这一时期，价格低廉、拥有无与伦比竞争优势的英国产品，在"自由贸易"的旗帜之下，远销海外。作为世界上率先实

① ［英］肯尼思·O.摩根主编：《牛津英国通史》，王觉非译，北京：商务印书馆，1993年版，第484页。
② ［英］萨利·杜根、戴维·杜根：《剧变：英国工业革命》，孟新译，北京：中国科学技术出版社，2018年版，第215页。

现工业化的国家，英国工厂日夜开工，车船穿梭往来，将数不尽的工业品运销全球各地，并把大量的原材料运回来，如此往复，英国成为全世界的加工厂。

在工业革命前，英国国力尚不如法国，充其量只算一个欧洲中等强国，经过工业革命的洗礼，英国一跃成为世界上最强大的工业国家，技术方面的绝对优势确保英国在工业生产方面遥遥领先于其他国家。这个小小的岛国以其只有法国一半的人口竟然生产出了世界2/3的煤炭、一半以上的铁和棉布。英国一国的生产能力比其他国家的总和还要多。

凭借无与伦比的工业优势，英国积极推行自由贸易，其制造品畅销世界，英国由此成为世界上最大的工业品出口国。这一时期，英国的外贸出口显著增长，1850年，英国对外贸易占世界贸易总量的20%，10年后增至40%。①不列颠的工业品源源不断地输往世界各地、享誉全球，英镑也由此成为国际货币。而从英国对外贸易所占世界贸易的比例来看，极盛时期的1870年，英国的对外贸易量超过欧洲法国、德国和意大利的总和；而在此前的1850年左右，英国就控制了世界20%的贸易量以及世界工业品40%的贸易总量。

工业生产的突飞猛进，消耗了大量的原材料，国土狭小的英国并无力自给，只能依靠进口。遍布世界各地的商人，将本国所需的

---

① 阎照祥：《英国史》，北京：人民出版社，2014年版，第286页。

图 3-13　1851 年世界工业博览会

生活资料及生产原料源源不断地运回来，加工成工业品，然后又卖出去，霍布斯鲍姆不无骄傲地写道："在英国风光无限的时期，我们净进口中有 90% 以上属于初级产品，而我们国产的对外出口中，75%—90% 属于制成品。"[①] 英国"世界工厂"的地位由此奠定。

庞大的对外贸易，也促进了英国航运业的发展。到 1880 年时，英国已拥有了世界商船的一半，垄断了国际航运。飘扬着米字旗的英国舰队，往来于世界各地；英吉利海峡川流不息，一片繁忙。不仅英国货物使用英国船只，其他许多国家的货物也由英国船只运送，或者其船只本身就购自英国。凭借在国际贸易中的绝对优势，英镑成为国际通用货币，伦敦也由此成为世界首屈一指的金融中心，并积极向海外输出大量资本。至此，依托英国而构建，19 世纪形成了一个以英国为中心的资本主义世界经济体系，国际资本及商品经由英国人之手实现了全球的自由流动。英国社会也由此迎来了空前的"维多利亚盛世"。

繁荣富庶的英国令世界所瞩目。尽管英国领土狭小，面积不足世界陆地面积的 1%，人口仅占世界人口的 2%，但英国在世界经济领域所取得的成就，可谓空前绝后。伴随工业革命的完成，这个率先走上工业化的国家，打造出一个前所未有的"日不落帝国"，引领世界潮流近一百多年。

---

① ［英］埃里克·霍布斯鲍姆：《工业与帝国：英国的现代化历程》，梅俊杰译，北京：中央编译出版社，2016 年版，第 138 页。

Chapter

4

日落斜阳：大英帝国的兴衰

在人类历史上，还没有哪一个帝国能同大英帝国相提并论。一个小小的岛国，如何能够创建起世界历史上绝无仅有的"日不落帝国"？帝国建立过程中经历了怎样的腥风血雨？帝国盛世如何塑造着"英国治下的和平"？庞大的帝国为何在战后迅速走向终结？帝国的兴衰揭示出怎样的历史规律？英联邦能承载英吉利民族的强国之梦吗？请关注"日不落帝国"的兴衰。

一、从殖民扩张到挑战西荷

从偏安一隅的岛国，到人类历史上最大的殖民帝国，英帝国是在战火中铸就的。自地理大发现后，英国人就将目光放向海外，开启了殖民扩张进程。英国作为海外殖民的后起之秀，一方面通过武力击败西班牙与荷兰，确立自己海上强国的地位，另一方面通过移民海外，开拓海外殖民地，从而为大英帝国的形成拉开序幕。

1. 早期的殖民活动

英帝国的历史可以追溯到 15 世纪末、16 世纪初的都铎王朝。此时英国刚刚形成了统一的英吉利民族和民族国家，这个新兴的民族充满了冒险精神，他们不愿偏安一隅，而是积极寻找向外扩张的途径。地理大发现正好为英吉利民族提供了新的冒险机会，他们迫不及待地想要征服大海，进行海外扩张。可以说，英帝国的出现就是英吉利民族精神的胜利，是英吉利民族求生存和英国民族国家求

发展的必然结果。^①

英帝国最初的海外殖民活动不是由政府组织的，而是民间自发进行的，英国商人、乡绅甚至贵族，为了追求财富，纷纷加入海外冒险的队伍，寻找通往东方的道路。都铎王朝初期，英国人认为从大西洋西北或东北方向出发，就能够达到亚洲。1496 年，约翰·卡伯特在英王亨利七世的支持下进行海外冒险，卡伯特计划从西北方向跨越大西洋寻找驶向亚洲的航路，但最终只到达了北美洲的纽芬兰。

英国早期的海外殖民活动没有取得重要成果，这主要是因为受到了西班牙的阻碍。在 15 世纪末，西班牙已经建立了前所未有的海上霸权，拥有当时最强大的海上舰队，掌握着海上航路与贸易秩序。西班牙人公然限制英国商人进出口贸易活动。为了在海外贸易取得一席之地，英国商人联合起来组成贸易公司和商人组织，并向英国王室申请特许状，在王权保驾护航下进行贸易。获得英王颁布的特许状后，贸易公司可以垄断某一地区的市场，例如 1554 年成立的莫斯科公司，垄断了对俄罗斯、亚美尼亚、波斯、里海及其他区域的贸易，它通过垄断市场将绳索的价格提高了 150%。^②

① 姜守明：《从民族国家走向帝国之路》，南京：南京师范大学出版社，2000 年版，第 20 页。
② ［美］詹姆斯·特拉斯洛·亚当斯：《缔造大英帝国：从史前时代到北美十三州独立》，张茂元、黄玮译，桂林：广西师范大学出版社，2019 年版，第 244 页。

    从伊丽莎白时代起，英国就试图在海外建立殖民地，但大多以失败告终。当时世界上大多数殖民地都被西班牙所占据，只有北美洲尚未被西班牙染指，因而成为英国冒险者建立贸易站和殖民地的首选。1578年，伊丽莎白颁布特许状，授予吉尔伯特爵士在北美殖民的专利。1583年，吉尔伯特率领两艘舰船达到北美，并宣布占领了纽芬兰，不幸的是吉尔伯特在回程途中遭遇风暴失事，在纽芬兰建立殖民地一事也不了了之。继吉尔伯特之后，雷利爵士继续探索北美大陆。他将佛罗里达以北的整个北美地区命名为"弗吉尼亚"，以示对伊丽莎白女王的敬意。1585年，雷利在罗阿诺克岛建立殖民地，但由于选址不当和缺乏后续援助，雷利的殖民活动也失败了。

    在西班牙的霸权下，英国的海外贸易与殖民活动举步维艰。但此时，英国没有与西班牙正面交锋的实力，而为与西班牙竞争，英国走上了海外掠夺的道路。从亨利八世时期开始，英国人就在大西洋沿岸掠夺西班牙运输货物的船只。这种海盗活动的目标十分明确，就是通过海上劫掠方式打击西班牙的霸权，为英国的崛起积蓄力量。正如约翰·洛克所说："对于缺少金银矿藏的国家来说，通向财富的道路只有两条：掠夺和贸易。"[①] 在英国众多海盗中，弗朗西斯·德

[①]　［东德］汉斯·豪斯赫尔：《近代经济史》，王庆余、吴衡康、王成稼译，北京：商务印书馆，1987年版，第228页。

图 4-1　1581 年伊丽莎白女王册封德雷克骑士头衔

雷克是最为突出的一个。从 1572 年到 1592 年，他进行了一系列大规模的海盗活动，不但为英国掠夺了大量财富，还沉重打击了西班牙的嚣张气焰，因而得到了女王的奖赏。

更重要的是，德雷克的环球航行，为英国之后开拓海外贸易、扩张殖民势力奠定了根基。1577 年，德雷克从普利茅斯港出发，前往拉丁美洲劫掠海上船只，此时西班牙人在美洲大西洋沿岸加强防守，德雷克为躲避西班牙舰队阻截，冒险绕过美洲南端的麦哲伦海峡，顺利完成了环球航行，最终于 1580 年回到了普利茅斯港，并带回了大量金银财宝，据记载，"他得到了 10 万西班牙币"①。这是继麦哲伦之后第二次环球航行，德雷克因此成为了英吉利的民族英雄和享誉欧洲的探险家。德雷克环球航行的胜利，说明英国在航海方面已经缩短了与海洋强国之间的差距，英国已经具备了在正面战场上与西班牙相抗衡的实力。至此，英国与西班牙之间的海上争霸战争蓄势待发。

2. 无敌舰队的覆灭

16 世纪末，英吉利和西班牙两个民族之间的矛盾已经到了不可调和的地步。对于英国人来说，英国人海外扩张的梦想，屡屡遭到西班牙的打击和阻碍；对于西班牙来说，英国政府纵容、庇护海盗劫掠西班牙船队，无疑危害到了西班牙海外帝国的利益和安全。到 16 世纪 80 年代，英国已经把其势力扩展到欧洲以外的海洋地区，它不再害怕与西班牙帝国的较量。西班牙也蓄谋已久，计划进攻英国。西班牙国王菲利普二世发誓非教训一下"这个老是邪里邪气的、哈哈大笑的、无法形容的女人"及其统治下的国家不可。②这样，

---

① ［苏］施脱克马尔：《十六世纪英国简史》，上海外国语学院编译室译，上海：上海人民出版社，1958 年版，第 113 页。
② ［英］利顿·斯特莱切：《伊丽莎白女王和埃塞克斯伯爵——一部悲剧性的历史》，戴子钦译，北京：生活·读书·新知三联书店，1996 年版，第 35 页。

英国与西班牙之间的战争已如弦在箭上，蓄势待发。

西班牙作为老牌海上强国，在军事方面占有明显优势。为了对付英国，西班牙于1588年5月建成著名的"无敌舰队"。这是16世纪世界上最庞大、最令人畏惧的海上舰队，它由130艘舰船、2 500门大炮、30 000人组成。英国方面，从亨利八世开始，英国已经开始发展海军，玛丽女王时期，英国海军实力略微削弱，到了伊丽莎白时期，英国皇家海军虽然只有34艘能够出海作战的舰船，但在民间蕴藏着强大的海上作战能力，英国的商船、海盗船随时可以出海作战。因此，在1588年英西海上决战前夕，伊丽莎白女王毫不费力地征调了179艘私人船只加以武装。①

1588年，西班牙国王菲利普二世派出无敌舰队来犯，面对来势汹汹的无敌舰队，英国人英勇反击。7月19日，西班牙舰队驶向英格兰最南端的利泽德峡角，英国舰队从普利茅斯港迎战。无敌舰队的指挥官麦迪纳·萨多尼亚公爵缺乏海战经验，没有趁英国舰队刚出港时发起攻击，因此贻误了战机。英军一方由海军大臣查尔斯·霍华德勋爵担任总司令，弗朗西斯·德雷克爵士担任副司令，在作战时，他们充分发挥英国战船机动性强和擅长炮战的优点，以火力制胜。7月28日，英西双方在加来港进行最后决战。英国人趁夜火烧无敌舰队的船只，当时无敌舰队的船只都挤在一起，火势

① 姜守明：《从民族国家走向帝国之路》，南京：南京师范大学出版社，2000年版，第242页。

一起，许多船只相互碰撞，乱作一团。第二日，英军继续用密集的炮火轰击，击沉了 12 艘舰船。西班牙舰队无力应对，只能仓皇而逃。

英舰总司令霍华德勋爵在战斗结束后写道："他们的舰队浩浩荡荡，气势汹汹，可是我们终于把他们的羽毛一根一根地拔了下来。"① 无敌舰队返程途中，在苏格兰西北海岸遭遇大西洋风暴，回到西班牙后只剩下 67 艘军舰，无敌舰队由此覆灭。经此一役，西班牙一蹶不振，逐渐衰落，英国则从此步入海上强国之列，逐渐夺得了海上霸权。

英国打败西班牙后，马上感到了另一个海上强国荷兰的威胁。此时，荷兰的商船遍布世界各地，专营转运贸易，被称为"海上马车夫"。1651 年，英国代表团到荷兰，希望缔结友好互惠条约，遭到荷兰人的拒绝，英国于是决定兵戎相见。同年，英国议会颁布了《航海条例》，禁止除英国、商品生产国以及英属殖民地船以外的船只运载货物进口到英国，违者没收货物。该条例明显是针对从事转运贸易的荷兰，荷兰人大为恼怒，从而引发了 1652 年英荷第一次海战。7 月，英国海军封锁了多佛海峡和北海，拦截荷兰商船。1653 年 8 月在海上决战中，英国击溃了荷兰海军，从而控制英吉利海峡的制海权，而荷兰则逐渐衰落。

---

① ［英］温斯顿·丘吉尔：《英语国家史略》，薛力敏等译，北京：新华出版社，1985 年版，第 555 页。

图 4-2 西班牙无敌舰队覆灭

英国击败西班牙和荷兰后，再也没有什么力量能够阻止英国的海外殖民和海外贸易活动，英国人海外扩张的重心也从地理探险和寻找通往东方的航道，转移到开拓海外殖民地与建立英帝国上来。

3. 开拓北美殖民地

英西战争结束后，英国的殖民扩张活动进入了一个新的阶段，英国人开始计划在海外建立永久性殖民地。英国与西班牙进行海上争霸的过程中，逐渐认识到了建立海外殖民势力对英帝国的意义。
"英国人的头脑里确实是慢慢地才开始这样的想法：既然别的国家
可以带着货物、宗教、文化和刀枪过海洋，他们自己也能建立一些
有他们本族人民占领和统治的伟大国家。"①

英国早期的海外探险者充满了殖民热情和冒险精神，但他们的殖
民活动充满了盲目性，吉尔伯特和雷利等人的殖民活动均以失败告终
正是说明了这一点。直到 16 世纪末，英国才开始对如何建立永久殖
民地有了清晰的认识。其中弗朗西斯·培根的"海上帝国"殖民论，
为英国之后的殖民活动提供了新思路。培根将在海外建立殖民地视作
实现富国强兵的一种途径，他认为，建立殖民地，不应是竭泽而渔式
的掠夺，而是进行长期的经营与发展，"培植一个新国家有如造林，
必须先打算好了预算折本二十年，到末了再获利，大多数的殖民地之
所以毁灭,其主要的原因就是在殖民事业之初盲目而且欲速的胜利"②。

进入 17 世纪后，英国开始重视殖民地的规划和建设，致力
于将北美殖民地建设成英国人的海外家园。殖民主义思想家理查
德·哈克卢伊特指出，英国如果在北美建立殖民地，英国的商船就
拥有了临时停靠的港口，英国的商业贸易范围就可以扩大到直布罗

---

① ［美］查尔斯·比尔德、玛丽·比尔德：《美国文明的兴起》（第一卷），许亚芬译，北京：
商务印书馆，1991 年版，第 23 页。
② ［英］弗朗西斯·培根：《培根论说文集》，水天同译，北京：商务印书馆，1996 年版，第
122—123 页。

陀海峡、挪威以及俄国等地，英国国民就可以在这里生活以及传播宗教福音，更重要的是，英国可以在这里获得大量财富，并为海上战争提供海外基地。

英国在北美最初的殖民活动不是由政府组织或开拓的，而是由特许商业贸易公司开创的。1606年，伦敦公司和普利茅斯公司成立，他们从国王那里获得皇家特许状，获得专营北美殖民事务的权利。1607年，伦敦公司带着一百多名殖民者在北美詹姆斯河口登陆，并建立了英国在北美的第一个殖民地——弗吉尼亚殖民地。由于物资匮乏，早期移民通过打渔狩猎、耕地种植的艰辛劳动，克服了重重困难，才勉强站住脚跟。1609年，伦敦公司获得英王颁布的特许状，通过拍卖弗吉尼亚土地，吸引了更多的殖民者来到美洲。殖民者在这里种植烟草远销到欧洲，从而获得了巨大的财富。

1620年，一群清教徒在牧师布莱斯特带领下，为了寻找避难所，乘坐"五月花"号轮船前往美洲。在途中，他们签署一份公约，即要在殖民地建立一个平等、民主的社会，这就是著名的《五月花公约》，并在后来成为美国平等观念和宪政传统的基石。"在美国，任何一种见解，任何一种习惯，任何一项法律，而且我敢说任何一个事件，都不难从这个国家的起源当中找到解释"①。他们在北美马萨

---

① ［法］阿历克西·德·托克维尔：《论美国的民主》，董国良译，北京：商务印书馆，1997年版，第32页。

图 4-3 "五月花号"在北美登陆

诸塞的科德角登陆，建立了马萨诸塞殖民地，依靠农业种植和皮毛
贸易为生。弗吉尼亚和马萨诸塞的殖民地建立后，北美洲立刻成为
了英国的原料产地和商品倾销市场，为英国带来了巨大的财富，这
极大鼓舞了拓殖者前往北美建立殖民地的热情。以弗吉尼亚和马萨
诸塞殖民地为基础，英国逐渐将北美大西洋沿岸从北到南联结了起
来，建立起一个地理上连成一片的殖民王国。[①]

---

① 刘成、刘金源、吴庆宏：《英国：从称霸世界到回归欧洲》，西安：三秦出版社，2005年版，
第47页。

北美殖民地建立后，英国的奴隶贸易空前扩大，英国成为头号奴隶贸易国家。英国的奴隶贸易开始于 1562 年，当时，被称为"女王的海狗"的著名海盗约翰·霍金斯到西非的塞拉利昂捕捉了 300 名黑人，然后运到西印度群岛高价卖出，并换取了大量的兽皮、生姜、珠宝等当地物品。英国殖民北美后，奴隶贩子从本国出发时装载盐、布匹、朗姆酒等商品，在非洲换成奴隶运往美洲，在美洲换成糖、烟草和稻米等种植园产品以及金银和工业原料返航。在英国、亚洲和美洲之间的航线大致构成三角形状，故称"三角贸易"。通过奴隶贸易，英国获得了巨额的利润，这为英国工业革命提供了相当的资本积累，从而为英帝国的崛起奠定了基础。与此同时，英国犯下了罄竹难书的罪行，英国的黑奴贸易给非洲人民带来了巨大的痛苦，破坏了当地的生产力、社会组织和传统道德。由此可见，英帝国的崛起，建立在其他民族的灾难和不幸之上。

二、英法争霸成就重商帝国

"光荣革命"之后，英国国内的政治纷争告一段落，英国已经具备向外扩张的条件，殖民扩张由此成为英国最重要的对外政策。在重商主义的指引下，英帝国迅速崛起，建立起以北美殖民地为中心的第一帝国。英帝国崛起的同时，法国也日渐强盛，成为英帝国称霸之路上的拦路虎。在长达百年的争霸战争后，大英帝国最终问鼎霸权，从此再没有国家能与之匹敌。然而英帝国很快就面临危机，最终引起北美独立战争的爆发，第一帝国也随之瓦解。

1. 重商主义与帝国崛起

从都铎王朝开始，重商主义成为了英国的重要国策。在重商主义的指引下，英国相继战胜了老牌强国西班牙、"海上马车夫"荷兰以及大陆强国法国，建立了历史上第一个帝国。

重商主义产生于 15—17 世纪的欧洲，是这一时期欧洲的主流经济理论和经济政策。对于重商主义者来说，货币就是财富，而财富就是立国之本。① 根据获取财富手段的不同，重商主义可以分为两个时期。早期重商主义重视货币的积累，强调藏富于国内，如"守财奴"一般严禁货币输出国外，这种观点也可称为"货币差额论"。晚期重商主义同样重视货币财富，但认为囤积货币并不能增加财富，只有将货币投入流通、投入生产，使其成为资本，才能获得更多的利润。这种观点又称为"贸易差额论"。

与其他欧洲国家相比，英国更早地实行了晚期重商主义政策。托马斯·孟是英国晚期重商主义的代表人物，他的重商主义理论极大影响了英国政府的经济政策。托马斯·孟认为发展对外贸易是英国致富的唯一途径，"货币产生贸易，贸易增多货币"②。受托马斯·孟观点的影响，英国政府高度重视对外贸易，鼓励商人开拓欧洲市场，发展航海事业，支持海外探险队对殖民地的掠夺。为了在对外贸易中保持顺差地位，托马斯主张扩大本国的工业和手工业，以增加向外出口的商品数量。在托马斯的建议下，英国政府采取鼓励工商业发展的政策，主要体现在英国积极引进专业技术人才，鼓励和禁止某些原料的进口和出口，鼓励工业成品特别是呢绒的出口，扶植本

---

① 姜守明：《从民族国家走向帝国之路》，南京：南京师范大学出版社，2000 年版，第 53 页。
② ［英］托马斯·孟：《英国得自对外贸易的财富》，袁南宇译，北京：商务印书馆，1978 年版，第 14 页。

图 4-4 晚期重商主义代表人物：托马斯·孟

国商人，限制外商特权等方面。

　　为避免陷入重商抑农的误区，托马斯同样重视农业生产，他主
张发展农业生产，扩大农业出口，将英国从农产品进口国变为农产
品出口国，让英国成为"向外国输出粮食和其他一切商品的货栈"[①]。

[①]　［英］托马斯·孟：《英国得自对外贸易的财富》，袁南宇译，北京：商务印书馆，1978 年版，
第 6—10 页。

托马斯在强调发展本国经济的同时，对殖民地贸易尤为重视，在托马斯看来，除了出口商品外，通过殖民地贸易、出口转运等"无形贸易"所获得的利润同样丰厚。英国将殖民地获得的糖、茶叶以及大麻、亚麻等原材料销往欧洲市场，又将欧洲生产的工业品销往各殖民地，其中的运输、关税等费用超过了商品本身。这成为之后英国积极发动殖民争霸战争的根本原因。事实上，当英国成为殖民大国后，英国的主要贸易对象从欧洲转变为殖民地，并建立了一个以北美殖民地为核心的商业贸易圈。

在重商主义的理论基础上，英国建立了第一帝国。在第一英帝国中，英国是商品生产地，殖民地是廉价原料产地和商品市场，其中美洲殖民地提供烟草、鱼类以及海防仓库，西印度群岛殖民地提供蔗糖以及其他热带农副产品，印度则提供香料。此时，英帝国与殖民地之间的维系纽带，主要不是政治控制或军事征服，而是商业贸易。为了保护英国与殖民地之间的双边贸易，英国加强了对殖民地贸易的控制。一方面，英国根据《航海条例》，严禁欧洲其他国家与英属殖民地进行直接贸易；另一方面实行关税优惠政策，对从殖民地输入的货物实行低关税的特权保护。英国通过强化殖民地与英国之间的商业关系，来保护英国的商业和航运业，维护商业和贸易霸权。

在晚期重商主义指导下，英国在对外贸易方面取得了巨大成就，英国成为工业品、农产品的出口国，并在国际贸易中占有越来越重要的地位。英国具备了与其他大国争夺海外市场和殖民地的势力，在重商主义的催动下，英国积极投入了殖民争霸战争，争夺世界殖民霸权。

2. 英法殖民争霸

18世纪初，英国已成为一个海上强国，然而，英国对外扩张的野心仍在继续膨胀，它要成为一个称霸海洋的大帝国。为此，英国需要击败正在崛起的法兰西。此时，法国也在向外扩张，追求霸权地位。波旁王朝的路易十四亲政后，推行重商主义经济政策，鼓励工商业发展，壮大海军争夺海上霸权，以期建立一个法兰西世界帝国。英法双方为了商业霸权和殖民地争夺，展开了长达一百多年的英法争霸战争。

西班牙王位继承权之争为成为英法争霸战争的导火索。1700年，西班牙国王查理二世病逝，由于没有后嗣，王位空悬。路易十四企图侵吞西班牙，因此支持法国安茹公爵上位。之后，路易十四又声称承认被黜英王詹姆斯二世之子为英国国王，这让英格兰举国震惊。安妮女王于是任命军事奇才马尔博罗指挥英国军队，打响了西班牙王位继承战争。实质上，英国反对路易十四的战争是为了消灭法国海上力量的纯粹商业战争。英军在布伦海姆村围剿法军，获得了战斗的胜利。布伦海姆大捷震惊了整个欧洲，被认为不可战胜的法军竟一败涂地，英国人已经看到了称霸世界的曙光。[①] 次年，英国又继续攻下了直布罗陀海峡，从而控制了大西洋通往地中海的门户，确立了英国的海上优势地位。英国在英法第一次战争中大获全胜，根据英法两国签订的《乌特勒支和约》，英国不仅从法国处得到了大片北美殖民地，还沉重打击了法国对外扩张的势头，使其在一段时间内无法与英国抗衡。随后，欧洲进入暂时的均势状态，出现"长达近 20 年的英法缓和"[②]。

1740 年，英法两国又卷入了奥地利王位继承战争，这是英法之间的第二次争霸战。战争是由玛丽·特蕾西亚继承奥地利哈布斯堡家族世袭领地而引发的。法国拒绝承认特蕾西亚的继承权，企图分裂奥地利领土，英国则支持奥国女皇的统治。事实上，英国参战的根本目的在于与法国争夺海外殖民地，从而树立在全球范围内的霸权。在英法第二次争霸战争中，双方打成平手，但英国与法国之间的矛盾却在加剧，双方在印度和北美多次发生流血冲突，英法之间的冲突已经白热化，一场决定性大战即将爆发。

1756 年，英法之间的第三次争霸战争——七年战争终于爆发了，这是一场英法两国在世界范围内的争霸战。战争初期，英国连

---

① 刘金源、洪霞：《潮汐英国人》，成都：四川人民出版社，2001 年版，第 189 页。
② ［美］保罗·肯尼迪：《大国的兴衰》，蒋葆英等译，北京：世界知识出版社，1990 年版，第 133 页。

连失利，直到 1757 年威廉·皮特成为英国首相后，战局才有所改变。皮特将作战重点放在美洲，英军在美洲相继攻克了法军要塞路易斯堡、匹兹堡、奥斯威戈以及魁北克等地。1759 年，英军先后击败了法国地中海舰队与大西洋舰队，法国的海上舰队基本消灭殆尽。七年战争最终以法国失败告终，根据战后协议《巴黎和约》，英国获得法国在美洲、西印度、印度和非洲全部或大部分殖民地。至此，英国击溃了法国，建立了全球殖民霸权与商业霸权，一个世界范围的英帝国已初具雏形，英国多年来梦寐以求的海上霸业终于成为现实。

法国大革命后，英法之间的战火重燃，英法之间开始最后一轮争霸战。法国大革命爆发之初，英国一度以为法国将就此衰落，然而法国督政府的建立和拿破仑开始向外扩张，引起了英国人的恐慌。战争的导火索是法国进军低地国家比利时，威胁到英国的门户——尼德兰。1793 年 2 月，法国向英国宣战，战争由此开始。英国迅速组织起七次反法同盟，长达 22 年的反法战争、又称"拿破仑战争"拉开帷幕。1805 年，法国准备进攻英国本土，海军司令霍雷肖·纳尔逊在西班牙南部沿海的特拉法加附近截击法、西联合舰队，并获得战争的胜利。在特拉法加海战中，英国伤亡惨重，海军统帅纳尔逊也阵亡。但特拉法加海战彻底击退了法国和西班牙的舰队，在制海权上，英国已经获得了绝对的优势，并成为真正的海上

図4-5 滑鉄卢战役

霸主。[1]1815年，英法两国在滑铁卢进行最后决战，法国惨败。滑铁卢战役不仅终结了拿破仑的政治和军事生涯，也宣告了英法百年争霸中法国的落败。

在历史上，英法两国之间纷争不已，甚至爆发长达百年的战争。14世纪中期至15世纪中期，英国金雀花王朝就与法国瓦卢瓦王朝发生了百年战争。英国向海外扩张以来，又与掌握欧洲大陆霸权的法国形成对峙，双方为争夺世界霸主地位而发动战争。英法争霸战

① 刘成、刘金源、吴庆宏：《英国：从称霸世界到回归欧洲》，西安：三秦出版社，2005年版，第157页。

争的实质就是帝国主义争夺殖民地、争夺海外市场的战争。英国在
英法争霸战争中取胜，从而获得了世界殖民霸权和商业霸权，自此，
英国扫清了通往"日不落帝国"道路上的最后阻碍。

3. 第一帝国瓦解

　　击败法国后，英国构筑起以北美为中心的第一帝国，但这个帝
国在不久之后就面临着巨大危机。七年战争后，英国负债累累，为
了增加收入，英国加剧了对北美殖民地的盘剥，推行严厉的贸易政
策和税收政策，英国与北美殖民地的矛盾不断加剧，最终导致北美
独立运动的爆发。

　　英国对北美殖民地经济上的压榨，引起殖民地不满，进而引发
了双方冲突。建立于重商主义理念下的第一英帝国是一个商业帝国，
它关心的不是领土版图，而是商业利润和财富。在重商主义的指导
下，英国严格控制殖民地的经济活动，"殖民地的一切经济活动，
都必须服从于宗主国的利益"[①]。为了进一步攫取殖民地利益,英国
从 1764 年开始，相继向殖民地征收蜜糖税、印花税、茶税等新税务，
这引起殖民地各种抗议示威活动，甚至很快演变为暴力冲突。

[①]　郭家宏：《从旧帝国到新帝国：1873—1815 英帝国史纲要》，北京：商务印书馆，2007 年版，
第 18—19 页。

英国与北美殖民地之间的矛盾不只是经济方面，实际上双方在政治上也存在矛盾。在北美殖民地建立之初，其独立的倾向就非常明显，"清教徒已不受英国国教主角的戒律和国教牧师奢望的约束，逐渐趋于独立；没有经过多少岁月，每个小教会都变成了一个享有自主权的教区"①。尽管英国极力试图控制北美这个商品和资本的输出场所和工业原料基地，但由于帝国对殖民地的管理相对宽松，很少直接干预殖民地内部事务，这无疑给予北美殖民地极大的自治权力，并且这种自治权力在北美殖民地发展过程中越演越烈，最终导致北美殖民地发起独立运动。

1773 年，一批殖民地人民趁夜登上停靠在波士顿港的东印度公司货船，将约 300 箱茶叶倒入海中，史称"波士顿倾茶事件"。英国政府随即出台了镇压法案封锁了马萨诸塞殖民地。英国对殖民地采取的高压措施，最终导致北美独立战争的爆发。1774 年，13个殖民地代表在费城召开首届大陆会议，发表了《权利宣言》，向国王请愿，要求取消对殖民地的高压政策。面对北美殖民地的反叛，英王乔治三世极为恼怒，他拒绝与北美殖民地和解，并派兵镇压北美殖民地。乔治三世认为，"一个正在进行武装叛乱的集团所送来

---

① ［美］查尔斯·比尔德、玛丽·比尔德：《美国文明的兴起》（第一卷），许亚芬译，北京：商务印书馆，1991 年版，第 65 页。

图 4-6　波士顿倾茶事件

的《橄榄请愿书》是没有什么诚意的,宣布殖民地处于叛乱状态"①。
1775 年的莱克星顿枪声,殖民地人民第一次向英军开火,北美独
立战争终于打响了。随后战后燃遍北美,各殖民地纷纷响应。

---

① 〔美〕塞缪尔·埃利奥特·莫里森:《美利坚共和国的成长》(上),南开大学历史系美国
史研究室译,天津:天津人民出版社,1980 年版,第 221 页。

至此，北美独立已是必然之势。1776 年，托马斯·杰斐逊起草的《独立宣言》宣告美国独立："这些联合起来的殖民地从此而且名正言顺地应成为自由联合的独立邦，他们解除与英国的一切从属关系，而它们与不列颠王国之间的一切政治联系从此完全废除。"经过八年战争，美国终于在 1783 年粉碎了英国的殖民统治，获得了国家独立。英美双方签订《凡尔赛和约》后，英国承认北美 13 个殖民地独立，北美由此成为第一个脱离英国的殖民地。

北美独立后，第一帝国也随之瓦解了。北美殖民地在英帝国经济体系中占据重要地位，甚至可以说，整个第一英帝国就是以北美殖民地为中心建立起来的。它的独立，使英国在北美建立的辉煌基业毁于一旦。北美独立战争"既是一次民族独立革命，也是一次资产阶级革命"[1]，它极大冲击了重商主义经济体系，加速了重商主义的衰落。恰在此时，英国工业革命的起步让其开始在自由主义的旗帜下，建立了一个前所未有的自由帝国。

---

[1] 张亚东：《重商帝国：1689—1783 年的英帝国研究》，北京：中国社会科学出版社，2004 年版，第 214 页。

三、盛世之下的日不落帝国

　　北美独立后，英帝国的海外扩张事业虽受到打击，但英国很快在旧帝国的基础上建立起了一个更加广阔、更加强盛的新帝国。随着英国工业革命的起步，英国的工业产品占据了世界市场，英国适时改举自由主义的旗帜，并在炮舰政策的配合下，推行自由贸易政策。同时，英国调整了殖民地政策，并以印度为中心，开创了一个前所未有的日不落帝国。

1. 自由贸易与炮舰政策

　　当痛失北美 13 个殖民地时，很多英国人为帝国的未来而担忧。但英帝国没有从此一蹶不振，相反英帝国变得更加强大，成为世界上最大的殖民帝国——"日不落帝国"。英帝国能够进一步扩张的根源在于工业革命的发展。随着工业革命的高歌猛进，英国生产了大量物美价廉的工业品，在满足国内消费之余，还牢牢占据了世界

图 4-7　亚当·斯密与《国富论》

市场。这意味着英国需要进一步扩大帝国版图，为工业产品提供广阔的海外市场和工业生产的原料供应。在这种背景下，炮舰政策和自由贸易政策应运而生。

　　1776 年，亚当·斯密发表《国民财富的性质和原因的研究》（以下简称《国富论》），提出了自由主义理论。斯密反对重商主义，他认为，商业垄断不仅抑制殖民地经济发展，且不利于母国产业结构优化。"殖民地贸易的独占，像重商主义其他有害方案一样，阻抑其他一切国家的产业，但重要的是殖民地的产业，不但没有增加，反而减少那些为本国利益而设立的产业。"[①]甚至，商业垄断不

---

① ［英］亚当·斯密：《国民财富的性质和原因的研究》，郭大力、王亚南译，北京：商务印书馆，1974 年版，第 181 页。

但没有增加英国的商业利润，还会增加额外的经费负担。例如，七年战争后英国建立了一个空前庞大的殖民帝国，但为控制新占领的土地，英国必须向殖民派驻大量军队，从而使英国防务开支逐年增加。对此，斯密主张自由市场和自由贸易，除了个别产业需要限制外国商品输入以保护本国产业外，其他产业则在市场这只"看不见的手"引导下进行自由贸易，才能实现富国裕民。首先，自由贸易意味着他们得以自由地在世界上的所有市场中出售更加廉价的商品；其次，英国能迫使低开发国家把自己的产品——主要是食品和原料——以低廉的价格大量卖给英国，并用得来的钱购买英国的工业产品。①

　　七年战争后，英国获得海上霸权，英帝国的政策目标也由开拓殖民地转向扩大海外贸易。在这种形势下，商业垄断成为英国经济贸易的阻碍，而实行自由贸易成为英国政府所要努力实现的目标。19世纪上半叶，英国工业资产阶级上台执政伊始，就废除了一系列重商主义法律。为保障土地贵族权益，1815年英国颁布《谷物法》，规定国内粮价每夸特低于80先令时，绝对禁止粮食进口；只有在达到或超出该价格情况下，才许可从国外自由输入粮食。《谷物法》遭到英国工业资产阶级及工人阶级的强烈反对，声势浩大的"反《谷

---

① ［英］艾瑞克·霍布斯鲍姆：《资本的年代1848—1875年》，张晓华译，南京：江苏人民出版社，1999年版，第44页。

物法》运动"由此兴起。经过 30 年斗争，1846 年，英国议会宣布
废除《谷物法》，标志着英国的经济政策已经从重商主义政策转变
为自由贸易政策。1849 年，英国又废除了实行几百年的《航海条例》，
放弃了对殖民地的垄断贸易，开始在殖民地推广自由贸易。

　　自由主义经济思想还影响到英国的殖民政策，许多人已经开始
用自由主义的经济理论在看待殖民地，反对在殖民地实行贸易保护
政策。当北美独立的消息传回国内，一些人甚至松了一口气，认为
美国的独立使其丢掉了一个沉重的财政负担。事实上，独立后的美
国依然是英国最重要的商品市场和贸易对象，英国向美国的出口贸
易额甚至远远高出殖民地时期。1844 年，英国对美国的出口额达
到 800 万英镑，等于同期英国向所有殖民地出口的总额。为管理殖
民地，英国每年要支付 400 万镑，而英国驻美国的领事馆每年开支
只需 1.5 万英镑，这笔交易对于英帝国来说最划算不过。有人为此
指出："英国人也许是世界上最现实的民族，失去美洲殖民地，虽
然不免让英国人痛心疾首，但他们也感受到了就此省去维持和保持
殖民地花费的轻松；同时，他们还对独立后的美国发展商业关系表
现出强烈的期盼。"①

　　尽管 19 世纪英国以自由贸易为旗帜来推行殖民扩张，可一旦

① 张本英：《自由帝国的建立——1815—1870 年英帝国研究》，合肥：安徽大学出版社，2009 年版，第 68 页。

其他国家拒绝接受，英国则毫不客气地诉诸武力，采取赤裸裸的炮舰政策。1848 年，自由派人士帕麦斯顿开始主导英国政坛，他在掌管外交事务期间，始终奉行"炮舰外交"政策。炮舰政策就是通过武力威慑，用炮舰迫使世界各国打开门户，推行"自由贸易"。英国人认为，自由贸易是英国最大利益的所在，与其将精力花费在殖民地防卫上，不如保护海上通道。为了保证英国商船的畅通无阻，英国人不但在本国实行自由贸易，而且要求外国也实行这个政策。如果殖民地不同意，英国不惜发动战争。英国的舰队为英国的商船护航的同时，也为英国的商路开路。"没有皇家海军就没有英国的对外贸易与海外殖民地，没有海上霸权也就没有帝国的声威与安全"①。英国舰队侵占一个地方后,必然会有英国的商船随之而来。"国旗所至，贸易随之"。19 世纪四五十年代的两次鸦片战争，就是英国推行炮舰政策的例子。当时的中国还是一个闭关自守的农业国家，经济上自给自足。为扭转入超，英国自 19 世纪 30 年代起便将鸦片运往中国。后来又借口中国的戒烟运动发动了对华鸦片战争，由此打开了中国的门户。从此英国商品自由进入中国市场，外国商船也可以自由在长江各口岸航行。

以自由贸易为旗号，以炮舰政策为后盾，英国的工业产品和资

---

① 张本英：《自由帝国的建立——1815—1870 年英帝国研究》，合肥：安徽大学出版社，2009 年版，第 45 页。

本涌向世界各个角落。凭借着商品、资本、技术以及海军舰队，英国人在资本主义世界体系中独占鳌头，确立了在世界工业和贸易中的垄断地位。

2. 殖民地改革与帝国盛世

随着自由主义思潮的广泛传播，英帝国对殖民地的认知发生了改变，英国与殖民地之间的关系也发生了深刻变化。此时的英国正在走向另一条道路，即帝国主义与自由主义相结合的道路。在自由帝国主义思潮下，英国人对单纯扩大帝国版图失去兴趣，甚至认为没有必要保留殖民地。在白人移民殖民地，要求建立自治政府的呼声也不断高涨，"既然英国已对其殖民地人民的福祉承担了责任，那么就应该鼓励其成长，逐渐成熟直至其最终可以独立"[①]。最终，英国对殖民政策进行改革，由传统的总督直接统治转变为殖民地自治。

在旧帝国时期，英国对殖民的管理十分宽松。英国对殖民地的统治机构由国王任命的各殖民地总督、参事会和经选举产生的议会组成。总督作为名义上的领导人，却没有实权，殖民地议会控制殖民地财政收支大权，却不负责管理殖民地事务，帝国对殖民地的控

---

① 钱乘旦、许洁明：《英国通史》，上海：上海社会科学院出版社，2017 年版，第 293 页。

制实际是由许多各自为政的部门来行使。对殖民地松散的管理是导致北美独立与旧帝国瓦解的原因之一，而 1837 年加拿大起义再次敲响了警钟，迫使英帝国出台新的殖民政策。

　　加拿大原是法属殖民地，1607 年法国人在魁北克建立了第一个永久殖民地。1763 年七年战争结束后，魁北克被割让给英国。19 世纪 20—30 年代，自由主义传播到了英属加拿大后，唤醒了加拿大人的民族自决意识。加拿大人向英国议会请愿建立责任制政府，但屡屡遭到拒绝，加剧了加拿大与英国之间的矛盾。1837 年 11 月

图 4-8　1837 年加拿大起义

底，加拿大发生武装起义，虽然很快镇压下去，但在英国国内引起极大震动，迫使英国政府考虑殖民地改革。1838 年，英国政府派遣达勒姆作为高级专员和新任总督前往北美殖民地平息动乱，并对起义的原因进行调查，提出相应的对策。1839 年，达勒姆提交了《英属北美事务报告》，提议在加拿大建立议会领导的责任制政府，由民选议会处理自己的内部事务，英国只在涉及帝国问题时才会干预加拿大事务。由此，1855 年，英属加拿大建立了自治型的责任制政府。

达勒姆报告的原则在后来推广到其他殖民地。英国先后在澳大利亚等白人殖民地创建自治政府。澳大利亚是英国最大的殖民地之一。1768 年，英国航海家詹姆斯·库克带领一个探险队去南大洋寻找"南方大陆"。1770 年 4 月到达澳大利亚东南海岸，这是一块土肥草茂的大陆，"在这块广阔的地方，毫无疑问，大多数谷类、各种果类和根茎等，都一定能够生长茂盛……而且一年四季都有充足的饲料，足以饲养能够运入的所有牲口而有余"[1]。因靠近海外的岸上植物茂密繁多，同行的植物学家将其命名为植物湾。他们以英王乔治三世的名义宣布澳大利亚东部为英国领土，并取名为新南威尔士。起初，这片大陆并没有引起英国政府的重视，也没有任何殖

---

[1] ［澳］曼宁·克拉克：《澳大利亚简史》（上），中山大学《澳大利亚简史》翻译组译，广州：广东人民出版社，1974 年版，第 15 页。

民者去澳大利亚拓殖。直到北美独立后，为了找到合适的地方安置流放犯，英国才开始在这里开辟殖民地。1842 年，新南威尔士建立起议会，到 1851 年，新南威尔士人民希望像加拿大一样建立责任制政府，实现内部自治，遭到拒绝。但"一种发展的自然规律很快就使英国不得不承认殖民地的自治"①。1852 年 12 月，英国议会授予澳大利亚各殖民地政府除外交和防务一样的一切权力，澳大利亚责任政府由此建立。

19 世纪时期，在自由贸易政策的影响下，英帝国进入全盛时期。到第一次世界大战爆发前，英国在海外占有殖民地的面积已达到 3 350 万平方千米，殖民地人口约 39 400 万，英帝国的领土几乎遍布全球 24 个时区，在帝国领土上，太阳永不落山，此时的英帝国又被称为"日不落帝国"。白人殖民地责任制政府的建立，就是英帝国走向巅峰的表现，是英帝国强大的经济和军事实力的体现。此时的英帝国不需要一味强化对殖民地的控制，相反，英属殖民地实现内部自治后，仍紧紧依附在英帝国的统治下，展现出空前的向心和团结。

3. 王冠上的宝石——印度

在日不落帝国时期，印度成为了英帝国全球贸易中心，被誉为

---

① 王宇博：《澳大利亚：在移植中再造》，成都：四川人民出版社，2000 年版，第 102 页。

"帝国王冠上最珍贵的宝石"。对于英帝国来说，印度是真正重要之地，"从18世纪末到19世纪中期，不管是托利党还是辉格党，不管是殖民地改革家还是自由贸易论者，不管是帝国政策决定者还是报刊舆论，不管是自由主义思想家还是社会各阶层民众，英国人从来都没有怀疑过印度对帝国的价值。"[①] 印度总督寇松勋爵甚至宣称，只要我们统治印度，我们就是世界上最强大的国家；而如果我们丢掉了印度，我们的地位就将一落千丈，只能将为一个三流国家。

印度对英帝国的价值，首先突出在贸易和商业上，印度殖民地是英帝国财富的最大源泉。18世纪英国对印度进行军事征服和殖民统治的过程中，从印度掠夺了巨额财富。从1757年征服孟加拉到1815年，东印度公司从印度掠夺的财富高达10亿英镑。[②] 这笔财富作为工业革命时期原始积累的重要部分，使英国迅速成为一个资本主义工业强国。美国独立后，印度在帝国内的地位越来越重要。英国进一步将印度作为英国的原料产地、工业品市场以及资本输出场所，在殖民当局的强迫下，印度农民从种植谷物和其他粮食作物转向种植鸦片、蔗糖、蓝靛和茶叶，用于向英国出口，而人口众多的印度也成为英国最佳的工业品销售市场。在英国人看来，印度周

---

① 张本英：《自由帝国的建立——1815—1870年英帝国研究》，合肥：安徽大学出版社，2009年版，第336页。
② 林承节、祝百年：《殖民主义史》（南亚卷），北京：北京大学出版社，1999年版，第104页。

边也存在尚未开发的商品市场，为了扩张印度的贸易，英国占领了缅甸、新加坡、马来西亚等，并打开中国门户。

对于不断向外扩张的英帝国来说，印度在军事方面也具有重要意义。从 1748 年开始，英国在印度组建了一支 20 多万人的军队，其士兵全由印度人组成，在保卫印度殖民地的同时，还用以征服印度土邦王公和周边的亚洲国家。七年战争后，这支军队在东印度公司的指挥下，开始向印度腹地发动进攻，当时印度境内两个较强的独立国家，即南印的迈索尔和中印的马拉特联盟也先后被征服。1849 年，英国吞并了旁遮普，完全控制了印度。在征服印度周边国家的过程中，这支军队也发挥了重要作用。例如英印军队在 1815 年征服了锡兰；1814 年侵占了尼泊尔 1/3 的国土；1885 年占领了整个缅甸。

为了加强英国对印度的控制，从 18 世纪 70 年代开始，英国政府逐渐将印度的管辖权从东印度公司手中收归到政府的掌控下。印度殖民地最初是由东印度公司开辟。1600 年，东印度公司成立，逐渐垄断了印度的殖民地贸易。18 世纪初，只有 1 500 名英国人住在印度，其中包括他们的妻儿以及一些暂留印度的水手，他们势单力薄，主要以贸易为主要活动。印度的封建王公时常袭击、抢掠他们。随着印度对英帝国重要性的上升，英国政府决定全面接管印度。英国于是颁布了 1773 年《调整法案》，将孟加拉、马德拉斯、加尔各答三块公司直辖地合二为一，由总督代为统治。1784 年，议会又颁布了《印度法》，将印度殖民地完全纳入英国政府的统治之下。这两项法律奠定了英国统治整个印度的基础，从此英国在印度及周边国家的扩张就是政府行为了。

19 世纪时期，当一些白人殖民地建立自治政府之际，英国对印度的控制却在不断加强，因为印度在帝国内的特殊地位，是其他殖民地无法比拟的，"当英国失去其富庶的美洲帝国时，她所遭受的巨大损失恰恰可以用这个庞大的东方殖民地来加以补偿。"[①] 印度不仅是帝国财富与利益所在，更是帝国力量与伟大的象征。印度辽阔的地域、巨大的人口、丰富的资源、广阔的市场，使印度就像一个取之不尽、用之不竭的宝藏，源源不断为大英帝国提供着所需的一切。

---

① 刘金源、洪霞：《潮汐英国人》，成都：四川人民出版社，2001 年版，第 200 页。

图 4-9　1775—1858 年英国在印度势力的扩张

四、从英帝国到英联邦

潮起潮落，曾盛极一时的日不落帝国，转眼已日落西山，走向衰落。在两次世界大战之后，英帝国霸权旁落，逐渐沦为二流国家。在民族独立浪潮的冲击下，许多殖民地纷纷独立，英帝国被迫解体。然而，英国人的"帝国梦"却并未随着帝国的解体而终结，为了尽可能保留英帝国的遗产，英国试图以英联邦代替英帝国，继续维持其国际地位。

1. 帝国的危机与衰落

19世纪中后叶的维多利亚女王时代，英帝国达到了强盛的巅峰，但这种强盛局面并没有维持多久，英帝国便由盛转衰。

英帝国衰落的根本原因在于，英国失去了工业领头羊地位。英国曾依靠第一次工业革命，成了日不落帝国。但在以电力应用为标志的第二次工业革命浪潮到来时，英国却没抓住这次机会。英国资本家不愿将资本投入到设备更新和先进技术的应用上，而是更愿意将资本投入海外，大量资本流向海外，影响了国内企业的扩大再生产能力。工业发展缓慢，技术革新逐渐停滞，英国这个靠第一次工业革命兴盛起来的帝国，逐渐蜕变成坐吃山空的食利国家。[①]一旦英国无法在工业和贸易方面保持领导地位，英国也就无法长期维持帝国及霸权地位。

尽管如此，在 19 世纪后半叶的瓜分世界狂潮中，英国依然加入与其他殖民列强的争夺行列。这一时期，非洲成为欧洲列强争夺的对象，英国也加入瓜分非洲的狂潮中。19 世纪初，英国的势力就已经深入到了北非的埃及。1869 年英国购买了苏伊士运河近 50% 的股权，以控制运河和埃及的命脉。1881 年埃及上校阿拉比发动起义，反对外国人干涉埃及内政，英国派军队镇压并占领了埃及。1901 年，埃及成为英帝国的一部分。1898 年在控制了苏丹后，英国掌控了整个北非和地中海地区。英帝国也在西非和东非积极扩张，1885 年，英国在西非的尼日利亚建立保护国，1884 年东非的索马里成为英国保护国。

在英帝国侵占非洲的战略中，南非占有非常重要的地位。在苏伊士运河开凿之前，南非是英国通向印度的必经之路，具有重要战略意义。1886 年，布尔人所控制的德兰士瓦境内发现了大金矿，

---

① 崔毅：《一本书读懂英国史》，北京：金城出版社，2010 年版，第 182 页。

吸引了大量英国人前来淘金,逐渐掌握了大部分的采矿权。1877 年,英国以德兰士瓦无法应对土著祖鲁人为由,吞并了德兰士瓦共和国。三年后,布尔人利用英国忙于应对埃及民族起义的机会,发动了第一次英布战争,并击败英军,迫使英国承认德兰士瓦独立。1899 年第二次布尔战争爆发,布尔军队率先向英军发起进攻,给英军造成极大伤亡。但布尔人很快弹尽粮绝,无法继续战斗。英国也在遭受着空前的压力,由于英军伤亡惨重,军费开支巨大,以及国内外舆论压力,英国同意各退一步达成停战合约。布尔人承认英国的主权,英国则给布尔人战争赔偿,允许布尔人成立自治政府。

从表面上看,布尔战争最终以英国的胜利告终,但布尔战争作为英帝国发展史上的一道分水岭,是英国由盛转衰的标志。在布尔战争中,英国动用了大量人力物力,花了三年时间才征服布尔人,表明英帝国力量已经衰退,从此英帝国开始走下坡路。

19 世纪最后 30 年中,欧洲的形式发生了变化。其他欧洲强国特别是德国的崛起,使得英国在政治、经济、军事上的霸权受到了空前的挑战,英帝国面临危机。1914 年,德国向俄国宣战,第一次世界大战由此爆发,英国加入协约国,向同盟国宣战。战争初期,英国人曾经自信地认为,这一场战争它们终将获胜,从而在较量中证明帝国的稳定将是持久的。[①] 然而,一战却让英国损失惨重,丧

---

① 刘金源、洪霞:《潮汐英国人》,成都:四川人民出版社,2001 年版,第 217 页。

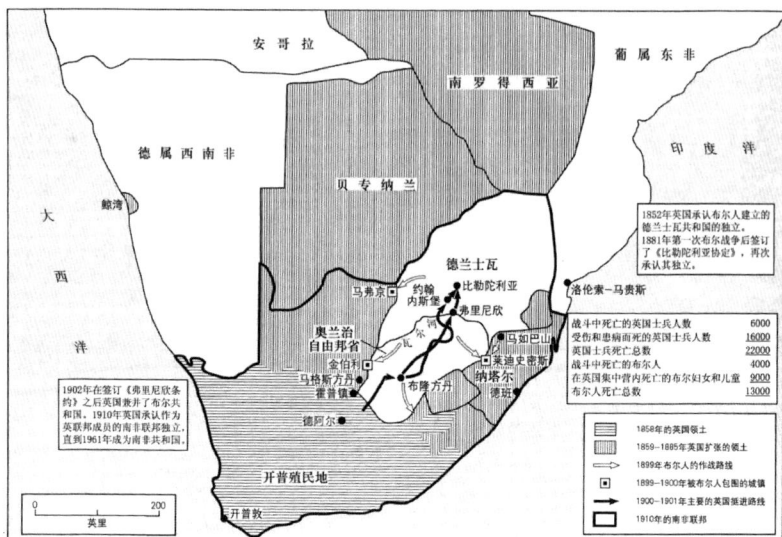

图 4-10 1899—1902 年布尔战争

失了经济上的霸主地位。

　　如果说一战使英国人的自信动摇，那么二战则彻底摧毁了它。第二次世界大战之初，英国竭力实行绥靖政策，但战争仍然降临了。英国仓促应战，损失惨重。1945 年，世界反法西斯战争以同盟国的胜利告终。同一战一样，英国虽然名义上成为战胜国，但实际上美苏两国成了战争的最大赢家，大英帝国已经江河日下，英国逐渐沦为二流国家。

2. 非殖民化和帝国瓦解

第二次世界大战后，英帝国迅速走向解体。在一些学者眼中，英帝国衰亡是民族主义者争取民族自强和国家独立的结果，而在西方学者的话语中，"非殖民化"强调的是英帝国给予殖民地独立的主观能动性。英国前首相麦克米伦甚至宣称英国殖民地的独立是英国给予的，是英国殖民政策的目的和结果："英国人没有丧失统治的意志，甚至也没有丧失统治的力量。但他们并不认为自己有权永远统治下去。他们的责任毋宁是把他们在漫长的几百年间所获得的长处传播给其他国家。"[①] 当然，将殖民地的独立说成是宗主国自愿结果是有悖于历史事实的，独立是殖民地人民斗争的结果，撤退是殖民者被迫采取行动的结果。因此，"非殖民化"主要指殖民国家在被迫撤出殖民地过程中采取的尽可能维护自身利益的各种行动。

在第一次非殖民化浪潮期间（二战后至 1950 年代初），英国从南亚次大陆撤退。两次世界大战期间，印度民族主义情绪高涨，被英国统治了几个世纪的印度不再驯服，走向了追求国家独立的道路。印度国内爆发大规模水兵起义后，英国殖民者认识到无法继续维持对印度的殖民统治，决定从印度撤退。1947 年 8 月 15 日，印度宣

---

① ［英］哈罗德·麦克米伦：《麦克米伦回忆录》（五），陈体芳译，北京：商务印书馆，1983年版，第 141 页。

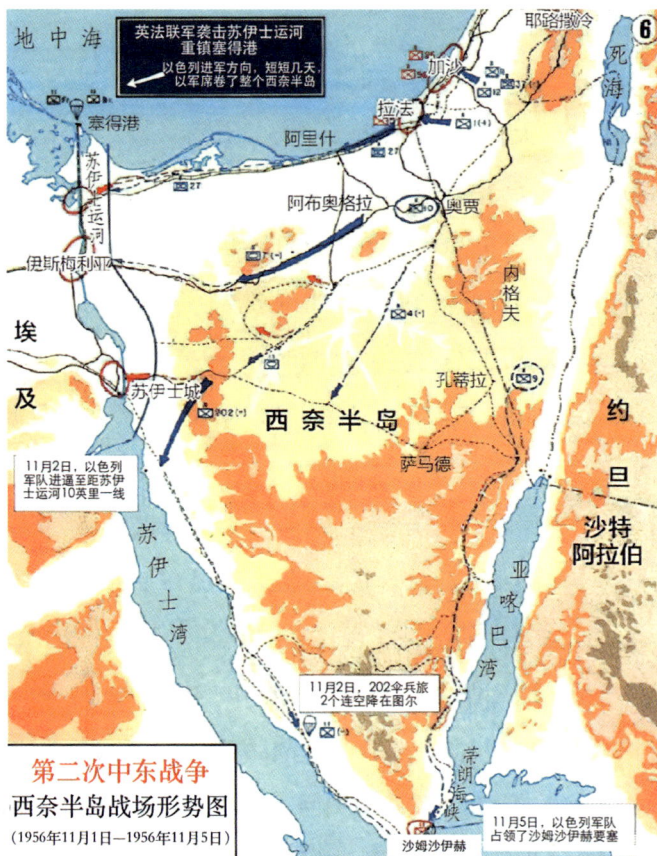

图 4-11　第二次中东战争

布独立。不久印度周边的缅甸、锡兰岛也独立了。

　　在第二次非殖民化浪潮期间（20 世纪 50 年代中至 60 年代末），
以第二次中东战争为转折点，英国开始从非洲撤退。为保留对苏伊
士运河的控制权，1956 年 10 月，英国与法国和以色列合谋，由以

色列发动对埃及的侵略战争，然后英法以制止战争为由占领苏伊士运河。在这场战争中，英国扮演了一个十分不光彩的角色，"英国既想占领运河区，又想扮演正义的角色"，这引起国际社会的强烈谴责，英法不得不撤军。到 60 年代中后期，英国在非洲的殖民地绝大多数获得了独立。

第三次非殖民化浪潮时期（20 世纪 70 年代初至今），大英帝国正式宣告瓦解。此时，分布在印度洋、南大西洋、太平洋和加勒比海地区的英国殖民地，纷纷摆脱了英国的殖民统治获得独立。1997 年，香港脱离英国统治回归中国，1980 年南罗得西亚独立后，大英帝国就解体了。

英国虽然承认了殖民地的政治主权，但这并不意味着英国甘心放弃帝国。实际上，英国政府在殖民撤退过程中采取了"撤退"与"固守"相结合的手段：当难以用武力维持殖民统治时，就承认殖民地独立和政治主权，在能够固守的地方就采取固守战略。英国从印度撤退后，为固守帝国阵地，保住英国势力范围，英国不惜发动战争镇压殖民地起义。例如，1948 年英国殖民者血腥镇压马来亚人民的武装斗争，有 13 341 人被关进监牢或驱逐出境，400 多人被杀害。[①]印度独立后，英国加强了对非洲的控制，试图将东非肯尼亚、坦噶尼喀和乌干达三个殖民地合并为一个政治实体，建立以非洲为中心

---

① 陈启能主编：《香港与英国的殖民撤退》，北京：中国社会科学出版社，1993 年版，第 115 页。

的第三英帝国。但这一计划因 1952 年"茅茅运动"等非洲人反对白人的斗争而流产。

暴力镇压无法维护英帝国的统治，也无法阻止殖民地人们的反抗斗争，最终英国不得不全面撤出殖民地，英国又通过扶植"亲英"政权或签订协约的方式，以便尽可能保留和维护英国的利益和国际影响力。例如，英国决定从缅甸撤退时，与缅甸签订 1947 年英缅防御协定。通过这个协定，英国保留了对缅甸一定的军事控制，某种程度上仍使缅甸处于英国国际战略体系中。[①] 然而，尽管使出浑身解数，自 1947 年印度独立到 1980 年南罗得西亚独立，短短几十年间，昔日辉煌的大英帝国就宣告终结了。

3. 英联邦及其未来

在英帝国分崩离析之际，英国曾极力试图减缓这一不可逆的历史进程，在殖民地纷纷独立的情况下，英联邦作为英帝国的替代方案诞生了。"英联邦"这一概念事实上在第一次世界大战之后就已经存在了。英联邦创建之初，英国只是打算将它办成一个白人自治领的俱乐部，并不想接纳非白人殖民地入伙，更没有考虑用它来取

---

① 张顺洪：《大英帝国的瓦解：英国的非殖民化与香港问题》，北京：社会科学文献出版社，1997 版，第 169 页。

代大英帝国。但在英帝国已经解体的情况下，英联邦则成为英国维持国际地位的最后一根救命稻草。1926 年，英国召开帝国会议，大会通过了《贝尔福报告》，重新界定了自治领的地位。根据报告，自治领与英国在法律上地位平等，互不隶属，各地区以对英王的效忠为纽带结合在一起，形成一个"英联邦"。1931 年 12 月，英国议会通过了《威斯敏斯特法案》，从法律层面宣布英联邦成立，使自治领取得了在法律上与英国平等的地位。英联邦最初的成员为英国、加拿大、澳大利亚、南非、爱尔兰和新西兰。

鉴于英国仍然是欧洲的老牌强国，许多国家在独立之后纷纷加入英联邦，例如 1965 年新加坡加入英联邦，1961 年塞浦路斯加入英联邦。英联邦现有 53 个成员国，分布在世界五大洲，大多为前英国殖民地或者保护国。其中 31 个成员国是小国或岛国，影响力比较大的有澳大利亚、加拿大、印度和南非。英联邦有超过 22 亿公民，占地面积超过 3 000 万平方千米。

英联邦是一个松散的主权国家集合体，没有共同的中央政府、宪法和议会，也没有共同的司法机构和军队。尽管作为母国的英国是英联邦的创建者，但在英联邦内，英国与其他任何国家一样，处于完全平起平坐的地位，每个英联邦国家都拥有自己独立的内政外交权力，可以自由选择退出或加入英联邦。那么，如此松散的英联邦，是靠什么联结在一起的？这就是，所有的英联邦成员国，都认可这一条，即英国君主是英联邦名义上的君主或国家元首。例如，1953

年即位的英国女王伊丽莎白二世，成为加拿大、印度、澳大利亚和新西兰等 16 个国家的女王，英联邦内还有 6 个国家有自己的国王，31 个国家则实行共和体制。[①]

　　英联邦不是英国的一言堂，而是成员国之间的协商平台，成员国就他们共同关心的问题进行交流和磋商，以增进相互之间的谅解和合作。英联邦的主要组织机构有：英联邦政府首脑会议、亚太地区英联邦政府首脑会议、联邦财政部长会议及其他部长级专业会议。其中，英联邦政府首脑会议是英联邦成员国间最高级别的磋商机构，其前身是殖民地会议和帝国会议。20 世纪 60 年代以后，随着英联

图 4-12　2018 年英联邦政府首脑会议

---

① 暮云：《英联邦真是"鸡肋邦"?》，《廉政瞭望》(上半月)，2018 第 5 期，第 58—59 页。

邦成员国增多和内部分歧的加剧，英联邦组织管理发生重大变化。英联邦会议原本由英国内阁办公室和英联邦关系部组织筹备，由英国首相担任主席。1966 年后成立了联邦秘书处，由它负责会议组织工作。会议每两年举行一次，轮流在成员国中举行，会议的主席由东道国的政府首脑担任。[①]

　　英联邦在某种程度上延续了英帝国对世界的影响。实际上，在数百年英国殖民扩张与开发过程中，英国和殖民地之间建立起了一种无法割离的共存关系，尤其是在经济方面。对于英国来说，殖民地是其至关重要的原料来源的产品市场，而对殖民地来说，它们的经济发展有赖于英国的资本、技术和市场。这种相互依赖、相互扶持的关系，促进双方在政治上相互独立的同时，在经济上的联系却日益紧密，这为英联邦的续存提供了条件。但英联邦毕竟不是英帝国，随着时间的推移，成员国对地区事务日趋重视，联邦内部关系却越来越松散。在 20 世纪 60 年代，英国人对英联邦的前景十分乐观，甚至一度认为英联邦可能成为未来世界秩序的核心，但真实的情况是，英联邦的发展面临巨大挑战。一方面，英国国力下降，不具备控制英联邦的能力；另一方面，英联邦各成员之间矛盾重重。例如在 1960 年代初，亚非拉成员国强烈反对南非推行种族隔离政策，主张将南非赶出英联邦，而南非共和国也撤回了留在英联邦内

---

① 王振华：《英联邦的兴衰》，北京：中国社会科学出版社，1991 年版，第 31 页。

的申请。这次事件使英国人对英联邦的前景十分失望，认为英联邦在维持英国的国际地位方面毫无作用，甚至对英国未来的发展产生了阻碍。

历史上几乎所有的帝国，在分崩离析后几乎荡然无存。20 世纪中叶后，大英帝国虽然瓦解了，但作为帝国遗存的英联邦却被构建起来，并延续至今。英联邦承载着英国人的帝国情结及大国梦想，但要想借助英联邦重树旧日辉煌，则只是英国人一厢情愿的梦想。

Chapter

5

开创福利：社会现代化历程

作为社会现代化的先行者，英国不仅在
1601 年颁布了世界上第一部《济贫法》，而
且在二战后颁布《国民健康服务法》（NHS），
创建起世界上第一个福利国家。传统的济贫
法体系如何实现对弱势群体的救助，在工业
化社会经历了怎样的调适？现代福利国家
如何孕育并破土而出，在全球化时代又经
历了哪些挑战？请将目光投向福利制度的
演进。

一、旧济贫法下的社会救济

在任何国家、任何历史时期，贫困问题始终存在。贫困问题的加剧往往造成社会动荡不安，扶危济贫于是成为一个国家社会稳步发展的关键。在中世纪时期的英国，贫困救助原本是宗教组织或世俗慈善团体的事业，教会和慈善家施舍食物、衣物或住处以接济穷人。自17世纪起，英国政府直接出面，制定法律与兴办济贫机构，扶助贫困民众。以1601年《伊丽莎白济贫法》出台为标志，英国建立了济贫法制度，在救济贫民的同时，也维护了社会的稳定，从而开启了英国现代福利制度的序幕。

1. 都铎时期贫困问题

都铎王朝是1485—1603年统治英国的王朝。这一时期，英国出现了资本主义萌芽，资本主义经济因素发展的同时，英国的贫困现象初现端倪。造成贫困现象的原因为下：

首先，自 16 世纪开始的圈地运动是造成英国社会贫困的主要
因素。英国羊毛制品在欧洲市场的热销驱动了牧羊业发展，一些小
地主圈占农民土地用于养羊。失去土地的农民被迫离开家园，沦为
流民或贫民。从 15 世纪末至 17 世纪初，英格兰中部约有 5 万农民
被驱逐。[①] 在工业化初期，工业部门吸纳不了过多劳动人口，且农
民习惯农耕与田园生活，难以适应现代工业生活，他们宁愿继续受
穷，也不愿到工厂工作。

其次，圈地运动后耕地和农民减少，导致粮食减产和物价上涨，
工人即使辛苦劳作却仍要忍饥挨饿。在 15 世纪末，英国一个工人
用 15 周的劳动时间就能挣得全家 1 年的口粮；但到 16 世纪中期，
则要花 40 周的劳动才能挣够全家 1 年的口粮；16 世纪末，一个农
业工人甚至终年劳动也不能保证全家人 1 年的口粮。[②]

最后，宗教革命后，教会逐渐衰落，穷人能够得到的慈善救助
随之减少。在 17 世纪前，教会除传教布道外，还要救济穷人。根
据教会法规定，教士有义务将收入的 1/4 或 1/3 施舍给穷人。1536
年英王亨利八世下令没收修道院财产，修道院解散后，依靠教会救
济生活的穷人失去了救助来源。

---

① 陈曦文：《英国 16 世纪经济变革与政策研究》，北京：首都师范大学出版社，1995 年版，第 195 页。
② ［苏］施脱克马尔：《十六世纪英国简史》，上海外国语学院编译室译，上海：上海人民出版社，1958 年版，第 24 页。

图 5-1　早期教会的贫困救济

　　都铎时期的贫困问题导致社会动荡不安。失去生计和教会救助的穷人以乞讨、盗窃或抢劫为生，导致社会犯罪率攀升。贫困问题还引发一系列农民起义，1549 年，东英格兰爆发由罗伯特·凯特领导的起义，起义目的在于敦请政府对"贫困的百姓"实施赈济。

　　都铎时期的贫穷不仅仅是个人问题，更是一种社会现象，要解决社会贫困问题，需要政府承担起救济贫民的责任，帮助那些无以为生的人们。面对贫民造成社会动荡，英国政府出于维护社会治安和统治秩序的目的，不得不承担起救济贫民的责任，于是，由国家出面建立社会救济制度成为必然趋势。

2. 伊丽莎白济贫法

　　都铎王朝时期，针对社会贫困问题，英国政府颁发了一系列济贫法令。这些法令逐渐成熟，最终在伊丽莎白一世执政时，汇总成一部完整法律，这是世界上第一部表明政府承担公民福利责任的正式法律。①

　　早期的济贫立法针对健壮的穷人，以惩戒为主。这类穷人到处流窜、实行各种犯罪活动，甚至发动农民起义，是一群不折不扣的罪犯。因此，议会通过一些严刑酷法，惩罚和镇压这些穷人。1495年、1531年和1536年出台的济贫法令都对流浪汉和游手好闲者作出遣返、监禁或鞭打的严厉处置。②

　　中期的济贫法令关注无劳动能力的穷人，开始赈济贫民。16世纪最后30年间，政府开始同情和理解贫民的处境：不是所有穷人都是混乱制造者，还有一部分穷人无法自立维生，例如失去劳动能力的穷人和孩子。1572年法令规定，政府要给老龄或体弱的流浪穷人提供住所和发放救济物资。③

———————————

① ［美］威廉姆·H. 怀特科：《当今世界的社会福利》，解俊杰译，北京：法律出版社，2003年版，第151页。
② 尹虹：《16世纪和17世纪前期英国的流民问题》，北京：中国社会科学出版社，2004年版，第143—144页。
③ 郑春荣：《英国社会保障制度》，上海：上海人民出版社，2012年版，第22页。

后期的济贫法令关注缺乏工作机会的穷人，以提供救济和工作机会为主要救济方式。都铎王朝统治者逐渐注意到，除不愿工作的穷人和缺乏谋生的穷人外，实际上还有一类穷人是有工作能力却找不到工作、或是工资收入无力供养全家的穷人，这类穷人需要的是工作机会。1576 年出台的法令强调以工代赈的救济方式，法案规定治安法官要为流浪者提供生产资料，将穷人安排到纺织作坊工作。

可见，16 世纪出台的一系列法令逐渐改变随意惩罚贫民做法，寻找更加合理的方式帮助贫民，即照顾生活不能自理的穷人，为有工作能力的人创造就业机会，以及惩罚好逸恶劳之人。这些法案最终汇总为一部完整法案，这就是 1601 年出台的《伊丽莎白济贫法》（又称"旧济贫法"）。法案规定，教区对穷人负有救济责任，并分成三类救济对象区别对待。为有工作能力的穷人提供充足的生产资料或工作岗位，帮助他们重新从事劳动；为无能的穷人（因年老、重病而无法工作的人）提供食物或衣物，或送入济贫院或救济院中照顾；将有工作能力却拒绝劳动的身体健全者送入教养院甚至监狱；将贫穷儿童寄养到指定家庭，在一定年龄时送去做学徒。

16 世纪末至 17 世纪是英国从封建主义向资本主义的过渡时期，此时的英国处于贵族统治下的家长制社会。在家长制社会中，社会成员要服从统治者，而统治者有责任为社会成员提供保护。《伊丽莎白济贫法》就是家长制的产物，政府为身体健全的人安排工作，将拒绝工作之人送入教养院或监狱，就是希望通过教化或惩罚，使

Anno quadragesimo tertio ELIZABETHÆ. C.2   1601

C A P. II.

An act for the relief of the poor.

Be it enacted by the Authority of this present Parliament, That the Churchwardens of every Parish, and four, three or two substantial Housholders there, as shall be thought meet, having respect to the Proportion and Greatness of the Same Parish and Parishes, to be nominated yearly in *Easter* Week, or within one Month after *Easter*, under the Hand and Seal of two or more Justices of the Peace in the same County, whereof one to be of the *Quorum*, dwelling in or near the same Parish or Division where the same Parish doth lie, shall be called Overseers of the Poor of the same Parish : And they, or the greater Part of them, shall take order from Time to Time, by, and with the Consent of two or more such Justices of Peace as is aforesaid, for setting to work the Children of all such whose Parents shall not by the said Churchwardens and Overseers, or the greater Part of them. be thought able to keep and maintain their Children: ⋯

图 5-2   《伊丽莎白济贫法》

贫民服从政府权威。同时政府也确立了扶贫济困的责任，形成照顾孤寡弱小、以工代赈的政府济贫传统，从而在一定程度上缓和了社会贫困问题。

3. 旧济贫法的改革

蒸汽机的发明，开启了新的历史篇章。但在工业革命过程中，英国社会贫困问题不断加剧。机器生产代替了手工劳动，导致大量手工业劳动者失业，失去收入来源。工人失业的同时还伴随着工资的下降。据计，在 18 世纪末，英国工人实际工资下降了三分之一。[①]工人工作越来越努力，他能挣到的工资却越来越少，而面包的价格则在不断上涨。工人们不但无法填饱肚子，甚至处在随时都可能沦为贫民的境地。此外，圈地运动的继续推行，驱使一批又一批的农民离开乡村，流向城市成为工人，这进一步加剧了英国社会中的贫困问题。

17 世纪以来，《伊丽莎白济贫法》建立的旧济贫法制度承担着救助贫民的任务，但在工业革命期间，旧济贫法制度应对失灵。旧济贫法制度诞生于都铎时期，农业社会中贫困问题远没有工业化社会这样严重。而此时英国社会中的贫困人口，早已超过旧济贫法制

[①]　蒋孟引：《英国史》，北京：中国社会科学出版社，1988 年版，第 430—431 页。

度所能承受的限度。据计，在 18 世纪末期，英国只有 20% 的穷人能够得到济贫救济，大量贫民求助无门，此外，还有约 30% 的人处于陷入贫困的边缘，随时可能成为等待救济的对象。当英国社会贫困问题加剧，而大批穷人得不到救助时，社会矛盾也随之加剧。18 世纪末至 19 世纪初，因贫困引发的社会骚乱共有 1 500 次。[①]这给社会治安和统治者的长治久安带来严峻威胁。为此，英国政府不得不调整旧济贫法制度。

1662 年，英国斯图亚特王朝颁布《住所法》，将流动贫民遣送回原籍后由相应教区进行救济。这项法案不利于吸纳流动人口从事工业生产，从而遭到社会各界谴责，被视为是"向封建人身依附制度的一种倒退"。为此，英国议会出台 1782 年《吉尔伯特济贫法》，取消了只有贫民习艺所中的贫民才可以得到救济的规定，将贫民习艺所改为专门救济老人、儿童和残疾人的庇护所；对愿意工作的健康穷人，可以等济贫法官员为他介绍工作，成为农场雇工、手工工人或铁路工人等；当工人工资过低，无法满足生活所需时，可以获得济贫补贴。

在拿破仑战争爆发期间，英国物价上涨伴随着粮食歉收，粮食供应不足使英国社会劳动者普遍面临贫困威胁，因此当 1795 年复活节的暴风雪打破丰收希望后，英国各郡出现农民哄抢面包乱象。

---

① ［日］堀经夫：《英国社会经济史》，许啸天译，北京：商务印书馆，1936 年版，第 162 页。

图 5-3　领面包的穷人

为维护社会稳定，也是出于对当地居民的关爱，在纽伯里的斯宾汉姆兰镇，伯克郡治安法官根据面包价格和家庭规模向劳动者提供工资补助，即"斯宾汉姆兰制"。《斯宾汉姆兰济贫法》规定，当面包价格上涨时，穷人的救济金也相应增加，以保证穷人的实际生活水平不因物价上涨而下降。以 1 先令为基准，面包价格超过 1 先令时，每涨 1 便士，每个穷人补贴 3 便士，对其家庭成员补贴 1 便士。[①]

《吉尔伯特济贫法》和《斯宾汉姆兰济贫法》都是社会贫困加剧时为缓解贫困问题而采取的紧急措施，依旧延续了旧济贫法的传统，即家长制保护主义，强调统治者有扶助国民的道德和义务，"人民生了许多孩子，为国家增加了许多人口财富，他们是不应该因此而受苦的"[②]。当大量工人失业时，《吉尔伯特济贫法》调整惯例，让有劳动能力的人不必进入遣返原籍，而是直接进入工作岗位；当贫困危及工人阶级及其家庭，《斯宾汉姆兰济贫法》将政府济贫范围扩大至工人阶级家庭，让工人及其家庭成员免于成为穷人，从而建立了一种广泛的院外救济制度，使低工资收入者得到了最低生活保障。然而，随着工业革命的发展，自由主义取代家长制保护主义成为社会主流思潮，最终促使英国在济贫领域走向自由放任道路，由此导致新济贫法体系的诞生。

---

① 辜燮高：《1689—1815 年的英国》（下），北京：商务印书馆，1997 年版，第 183—184 页。
② ［英］约翰·穆勒：《政治经济学原理及其在社会哲学上的若干云应用》（下），胡企林、朱泱译，北京：商务印书馆，1991 年版，第 408 页。

二、新济贫法下的社会救济

工业革命以来，强调个人责任与国家最小干预的古典自由主义兴起，冲击了强调国家干预的家长制保护主义，鼓励个人自立的新济贫法制度应运而生。但在此时，家长制保守主义仍具有强大生命力，将保护和救济贫民视为政府职责。在实际运行中，新济贫法的院内救济推行缓慢，并依旧延续了旧济贫法院外救济的传统。

1. 新济贫法的出台

在前工业化社会中，人们往往因自身行为、失去土地等原因沦为贫民或乞丐，此时，贫困现象虽然常见，但尚未发展成一个普遍的社会问题。工业革命以后，英国的社会财富在不断增加，贫困问题却在不断加剧。同时，旧济贫法制度未能有效应对英国社会的贫困问题，随着英国的产业革命进入高潮时期，旧济贫法制度受到越来越多的批判。尤其日益强大的工业资产阶级尤为不满，在他们看来，旧济贫法制度弊端重重，阻碍了社会经济的发展。

首先，济贫工作管理不善。在旧济贫法制度下，济贫工作由教区负责，一般是从教区居民中选举一名监理员，多由农民和小商人担任。这些人由于忙于生产、缺乏行政和监管能力，常常对济贫工作敷衍了事，甚至滥用或贪污济贫款。

其次，贫民数量增加导致济贫税暴增，给工商业者带来沉重的赋税负担，引起纳税人的普遍不满。1800 年，英国济贫支出为400 万英镑，到 1819 年高达 787 万英镑。沉重的济贫税分摊在纳税人身上，可能将一些没有储蓄的小业主逼到破产边缘，打击自由民阶层。①

最后，旧济贫法被诟病的根本原因在于，工业发展需要大量自由劳动力，而将大量穷人转化为廉价劳动力的进程，受到旧济贫制度的阻碍。尤其《斯宾汉姆兰济贫法》放宽了济贫资格限制，使大量穷人依赖济贫救济，而不是寻找一份新的工作。有工作能力的人口中接受救济的比例大大增加，说明过度宽松的救济措施同样可能导致社会贫困。

对此，古典自由主义学者纷纷指出，旧济贫法不仅没有缓解贫困，反而造就了贫困、鼓励了懒惰，对贫困劳工"帮助过多和没有

---

① ［英］克拉潘：《现代英国经济史》（中卷），姚曾廙译，北京：商务印书馆，1975 年版，第174。

帮助都会同样损害人的感激和自立精神"[①],因而有必要彻底改革旧济贫制度。终于在 1832 年议会改革后,工商业资产阶级取得了政治权力,他们以古典自由主义思想为指导,发起对济贫法制度的改革。

1832 年皇家济贫法委员会提出改革建议:如果能迫使穷人重新回到劳动市场,而不是继续让其幻想依靠救济过活,那么,旧济贫法制度的弊端就不难解决。于是,在 1834 年,英国议会通过《济贫法修正案》(又称"新济贫法")。法案规定:授权各地建立济贫院和联合济贫区负责穷人救济工作,停止对济贫院外所有壮年男子的救济;任何申请救济的贫困劳工必须住入济贫院并从事郊区安排

图 5-4　皇家济贫法委员会成员

的工作以获得救济；成立由济贫法委员会，负责监督济贫法实施状况；任命地方济贫官员负责济贫税征收和实施济贫工作。

19世纪初，随着古典自由主义成为英国主流社会思想，英国济贫制度发生深刻改变，从无条件地为穷人提供救济，转变为以进入济贫院作为威慑，促使穷人以工作换取救济。新济贫法符合新兴资产阶级减少济贫支出和解放劳动力的要求，"由于工人害怕因进济贫院而遭到家庭被拆散，并且要卖掉他们的工具和其他物品，所以他们往往宁可接受低劣的条件到工厂去当工人"[1]。尽管新济贫法在一定程度上忽视了对穷人的人道关怀，客观上恶化了工人阶级的生存条件，但也提供了最低限度的社会救济，孤老病残等最需要求助的人仍能够得到救济，并且待遇不断提升。可见，新济贫法一方面强调穷人应当自立，但同样为需要帮助的人提供救济。

2. 济贫法院内救济

新济贫法遵循"院内救济"原则，目的是敦促身强力壮的穷人参与劳动，让穷人在遇到困难时努力寻找新的工作机会，而不是以救济为生。因此，院内救济强调对穷人的惩罚，而不是救济，"济贫院由此成为一个对贫穷者进行惩罚的机构，而不再是原本意义上

---

[1] 王觉非：《近代英国史》，南京：南京大学出版社，1997年版，第318页。

的救济组织。"①

　　1834 年新济贫法实施后，英格兰和威尔士 15 000 个教区合并成 643 个济贫法联盟，建立自己的济贫院。到 1846 年，英国新增了 707 个济贫院，平均每个济贫院容纳 270 人。在新济贫法的院内救济原则下，任何人想要得到济贫救济必须进入济贫院，随着失业人数不断增长，许多有工作能力的人和愿意工作的人无法找到新的工作，统统被送进济贫院。于是，济贫院人口剧增，1875—1884 年间济贫院收纳了 167 740 名贫民，1895—1904 年间上涨到209 308 人。

　　凡进入济贫院接受救济的人，都必须严格遵守济贫院的规章制度，服从管理人员的命令。人们要统一着装，按时作息，禁止娱乐、喧哗和随意走动，否则将受到严厉的处罚。济贫院要求人们从事繁重而乏味的劳动，男人要做拣木头、砸石子、推磨等重体力劳动，而女性则要从事洗衣、整理房间、做饭以及分拣物品等劳动。济贫院还实行男女分离居住，即使是一家人也要被迫分离，丈夫与妻子、孩子与父母都被拆散，不顾人道与亲情。济贫院于是被冠上污名，成为"穷人的巴士底狱"。院内救济于是成为社会舆论抨击的焦点，19 世纪 40 年代的新闻报道、法院诉讼和文学作品都是对院内救济的负面评价。1845 年的安多弗丑闻——安多弗济贫院要求居民以

---

① 　钱乘旦、陈晓律：《英国文化模式溯源》，上海：上海社会科学院出版社，2003 年版，第115 页。

碾碎骨头和腐肉为食，其舆论余波甚至刺激英国南部和北部工人发起反济贫法运动，抵制建立济贫院。

尽管社会舆论大肆批判院内救济，但客观来看，院内救济的实施使英国的济贫支出明显降低。根据济贫法委员会的报告，刚成立半年的联合济贫教区的济贫开支比以前减少了43%，而管理较好的单个教区的济贫开支也比以前减少了20%。同时，院内救济符合新兴资产阶级减少济贫支出和解放劳动力的要求，"由于工人害怕因进济贫院而遭到家庭被拆散，并且要卖掉他们的工具和其他物品，所以他们往往宁可接受低劣的条件到工厂去当工人"①。大量穷人被转为廉价劳动力，英国社会工业发展劳动力不足的问题得到缓解。

19世纪六七十年代，在社会各界的强烈要求下，济贫法当局对院内救济进行改革。首先，取消了许多苛刻限制，一些济贫院同意老年夫妻同室而居，有的济贫院提供了保暖设备；其次，改善了济贫院的条件，济贫院内食物种类增加，济贫监督管理还购买书本、报纸、玩具等丰富居民精神生活，给成年贫民购买烟草，甚至允许短途旅行。到19世纪90年代，大多数济贫院的条件得到改善，"巴士底狱"般的济贫院已经不多见了。

院内救济的实施，将贫民走投无路之际的救命稻草，转变为对个人失败的惩罚，因此招致诸多批判。院内救济措施忽略了导致贫

① 王觉非：《近代英国史》，南京：南京大学出版社，1997年版，第318页。

困的社会经济因素，将贫困的责任归咎于道德失败——它惩罚贫困，但没有阻止贫困的发生，实际上不利于彻底解决社会贫困问题。但从长远来看，院内救济的错误也促使英国进一步思考导致贫困的原因和解决途径。

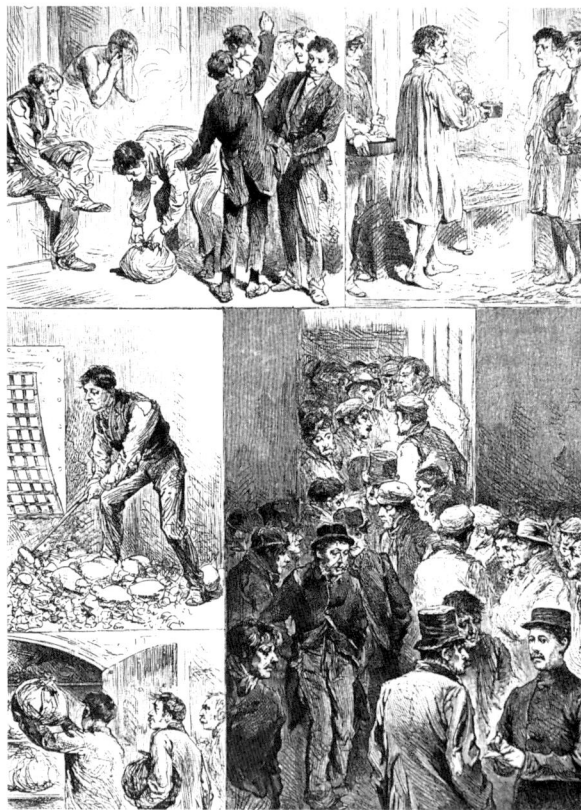

图 5-5　济贫院内场景

3. 济贫法院外救济

　　院外救济是对不进入济贫院的穷人进行的救济。尽管新济贫法强调"院内救济"原则，但在19世纪中叶，院外救济的规模依然在不断上涨，甚至院外救济的人数远远超过院内救济人数。根据历史学家统计，在新济贫法实施二三十年后，领取院外救济的平均数是院内救济的7倍。

　　在新济贫法体系下，院外救济依旧盛行，虽与新济贫法原则不符，但迎合了群众的愿望。贫民认为获得院外救济是自己的一项权利，实施院内救济则是剥夺了他们为数不多的权利和收入。1842年英国宪章协会向议会提交的一份有300万人签名的请愿书中，将济贫院与监狱和警厅等同，认为这是"一小撮不负责任的人处心积虑要压制和饿死人民大众"[1]。在人民群众的反对下，新济贫法推行缓慢，英格兰北部的许多市镇是在十年后才开始实施新济贫法，且一些实施新济贫法的地方，院外救济依旧存在。在这种情况下，院外救济数量自然远远高于院内救济。

　　院内救济成本过高也是导致院外救济比例更高的原因之一。1862年，院内救济每周人均支出为4先令8便士，而院外救济每周人均支出仅为2先令3便士，院内救济的人均支出成本超过院外

---

① 张芝联：《1815—1870年的英国》，北京：商务印书馆，1987年版，第86—87页。

图 5-6　济贫院外救济

救济人均成本的 1 倍。这导致许多地方监理员满足于院外救济传统，而不是花费更多钱去实施新法——先建一所济贫院，再收容和救济贫民。与此同时，在济贫院中接受救济的贫民数量逐年增加，甚至超过政策制定者预设的济贫院所能承受的限度，许多地方不得不违背院内救济原则，向失业者发放院外救济，"院外救济不仅没有被废除，反而还存在不断扩大的趋势"[1]。

---

[1]　郭家宏：《富裕中的贫困：19 世纪英国贫困和贫富差距问题研究》，北京：社会科学文献出版社，2016 年版，第 70 页。

由于群众抵制和院外救济传统，英国在推行新济贫法的同时，也允许地方根据济贫成本进行变通。1844 年英国政府颁布的《禁止院外救济法》，虽重申禁止对有工作能力的穷人提供院外救济，但允许为病患、残疾者、寡妇、孤儿等提供院外救济。1852 年，英国出台《院外救济综合法》，规定为老年人、病患、残疾人、寡妇、儿童甚至成年男子提供院外救济，其中院外救济中有 1/3 或 1/2 为食品、燃料和其他必要物资。接受院外救济的健全男子必须接受济贫法监督官所安排的工作。20 世纪初，当英国失业问题加剧时，一些济贫机构还放宽了对失业者的院外救济。

济贫制度作为英国官方救助贫困的主要措施，自 1601 年颁布以来经过多次调整，以适应不同历史时期的社会环境。新济贫法虽然意在减少院外救济，并尽可能严格按照这种原则提供相对有限的救济。但由于济贫院内苛刻的条件、院内救济成本高昂，以及院外救济的传统等因素，院外救济依旧持续存在，可以说，新济贫法实际上实施的是一种院内救济与院外救济相结合的救济体制。

三、福利国家的建立

在现代化进程中，英国社会中的贫困、失业、养老等社会问题日益加剧，而传统的济贫法制度的救助能力极为有限，远远无法满足社会需求。自 17 世纪以来，政府直接提供济贫救助已经成为英国的历史传统，当济贫法制度出现问题时，英国社会开始思考建立一种新的社会保障制度，以取代传统的济贫法制度。第二次世界大战后，英国建立了"从摇篮到坟墓"的福利国家。

1. 国家干预思潮的兴起

社会福利制度的建立，有赖于国家干预思潮的兴起。在自由放任原则的指导下，英国在 19 世纪中叶一跃成为世界上最富有的国家。从此，英国统治者迷信自由主义，甚至在财富分配领域中也贯彻自由放任原则。自由放任政策为英国经济发展"解绑"，推动了英国的经济起飞，但也造成社会财富分配不公的问题。19 世纪 70

年代以后，随着英国社会问题的日益严重，古典自由主义所倡导的价值观念受到挑战。一部分知识分子试图重新认识政府干预在经济发展中的作用。在这种历史情境下，费边主义和新自由主义应运而生，提倡国家干预社会经济，为民众提供福利服务。

费边社会主义是指费边社所宣扬的一种和平渐变的社会改良理论，是一种具有英国特色的社会主义。费边社成立于1884年，由著名文学家萧伯纳和社会理论家韦伯夫妇等一些关心社会问题的信仰社会主义的知识分子和中产阶级人士组成。代表人物有萧伯纳、韦伯夫妇、乔·柯尔、克罗斯兰和蒂特马斯等。在费边社会主义者看来，贫困不是个人的错误，而是社会财富分布极端不均的结果。因此，消除贫困及其根源的主要办法，就是发展社会主义，将公共财富用于改善民众生活的公共事业上去。费边社会主义的核心观点是追求平等，要想从根本上实现平等和消除社会的贫富差距，就必须建立一种更加合理的经济制度，为所有人提供同等机会，保障其基本生活水平，"社会应该尽力给它的全体成员以同等的机会，保证所有成员拥有起码的基本生活水平"。费边社会主义者认为国家是一个理想的、实现社会平等的工具，"英国所需要的政府，是管的更多的政府，而非管得更少的政府"①。因此，费边社会主义者主张加强国家干预，让国家在建立普遍社会保障体系和福利制度中发

① 张明贵：《费边社会主义思想》，中国台北：五南图书出版股份有限公司，2003年版，第383页。

萧伯纳

查尔斯·特雷伟良

约翰·霍布森

拉姆齐·麦克唐纳

赫伯特·塞缪尔

弗兰克·波德莫尔

图 5-7 费边社成员和"彩虹圈子"

挥应有的作用。

新自由主义是对古典主义的修正和改良，其代表人有：霍布豪斯、霍布森、格林等人。1893 年，"彩虹圈子"社团的形成标志着新自由主义的成熟。在古典自由主义的观念中，国家干预是对自由的威胁，国家干预对个人生活和工业发展有害，因此无论是什么情况，国家干预都应最小化。"国家只能征税，以维持国防和实现'守夜的国家'职能所必须的警察、法庭和武装力量。所以，无论是用于多么紧急的需要，还是用于诸如公共教育这类普遍的福利，从道德上来看都是不道德的。"而在新自由主义者看来，国家干预与追求自由之间并不冲突，新自由主义代表人物霍布豪斯就认为，正确引导的国家干预能为个人追求自由提供保障，"（国家干预是）保证公民通过他们自己的努力获得充分的公民效率所需的条件"[①]。因此，新自由主义者主张国家从消极的"守夜人"转为积极的"干预者"。在新自由主义者看来，贫困阻碍了个人自由发展，国家用于保证自由的机制也应当是保障福利的机制。霍布豪斯指出，当一个诚实的正常人无法依靠自己有效的劳动养活自己及家人时，说明社会制度和经济机器出现了毛病，在这种情况下，个人是无能为力的，必须通过国家创造一种经济条件，使公民能通过努力获得生活所需。

总体而言，费边社会主义的兴起源于进步分子对工人阶级苦难

---

① ［英］霍布豪斯：《自由主义》，朱曾汶译，北京：商务印书馆，1996 年版，第 80 页。

的同情，而新自由主义的兴起则是统治集团对社会问题反思的结果。
这两种思想都主张国家干预社会经济生活，是英国福利国家诞生的
思想根源。其中，费边社会主义提醒英国人在追求经济发展的同时，
还应将目光投向广大民众，通过国家干预维护普通劳动阶级的平等
权益；新自由主义则论证了实现自由与国家干预之间的相辅相成的
关系，消除了人们对国家干预的恐惧。

2. 20 世纪初的社会改革

20 世纪初，英国遭遇自由放任带来的严重后果，其中最为突
出的就是贫困问题的扩大化。在工业化初期，自由放任政策推动英
国经济迅猛发展，但经济发展是以牺牲普通民众的利益为代价的。
工人阶级不堪重负，再次掀起工人运动，引起了资产阶级政府的不
安。此时，国家干预思潮的兴起为英国指出解决之策，为缓和国内
阶级矛盾和社会贫困问题，英国自由党政府以新自由主义思想为指
导，发起了一系列社会改革。

当时，阿斯奎斯、劳合·乔治等自由党领导人深受新自由主义
思想影响，十分关注 19 世纪末 20 世纪初的社会问题。在他们看来，
亚当·斯密所主张的无限度的个人自由不可取，应当追求满足大多
人利益的自由；针对社会经济发展所产生的贫困问题，应由国家对
经济和社会生活进行干预，政府不仅要救济穷人，还要为其他社会

弱势群体提供福利保障。因此，当自由党于 1906 年执政后，便开始颁布养老金条例和国民保险法案。

1908 年《养老金法》是 20 世纪初英国颁布的第一部重要的社会改革法令，这也是国家用行政手段向穷人提供生活补助的第一个举措，是用社会力量认真清除贫穷的一次尝试。①20 世纪初，英国的老年问题日益加剧。一方面，老年人口相对增多，在总人口中所占比例不断上升。另一方面，英国没有养老金制度，工人退休后立刻陷入贫困状态。根据调查，65 岁以上老年人贫困率为 20%，75 岁以上老年人贫困率为 40%。《养老金法》颁布后，凡年龄在 70 岁以上、在英国居住满 20 年以上、年收入不到 21 英镑的公民，在向养老金管理当局申请批准后，每周可领取 5 先令养老金。虽然不慷慨，但受到老年贫民的欢迎，特别是在乡村地区，老年人在领取养老金时，会向邮局服务人员送上苹果和鲜花作为感谢。

失业问题和健康问题也是 20 世纪初英国最严重的社会问题。两次世界大战期间，英国经济形势恶化，失业问题更加严重，1921—1938 年失业率几乎全在 10% 以上。"失业，仅次于战争，是我们这一代蔓延最广，噬蚀最深，最乘人不防而入的恶疾，是我们这个时代西方特有的社会弊病"②。受到失业与贫困的影响，英国民众的健

---

① 钱乘旦等：《英国通史》（第六卷），南京：江苏人民出版社，2016 年版，第 206 页。
② ［英］艾瑞克·霍布斯鲍姆：《极端的年代》（上），郑明萱译，南京：江苏人民出版社，1999 年版，第 134 页。

图 5-8　老年人在邮局排队领取养老金

康水平也在恶化。在布尔战争前的征兵工作中，至少有 60% 的应征者体检不合格。国民素质如此之差，在当时引起人们不少担忧，因为国民素质关系到民族的生存与发展。为应对英国社会中的失业问题和健康问题，1911 年英国议会颁布了《国民保险法》。该法由两部分法案组成，一部分是《失业保险法》，另一部是《健康保险法》。法案规定工人只要缴纳保险金，就可以在失业和生病时领取津贴，其中失业保险为每周 7 先令，每年可领取 15 个星期；健康保险为男工每周 10 先令，女工 7 先令。失业保险金虽不能为失业者提供足够的生活保障，但能在一定程度上缓解失业者的贫困处境；健康保险法的实施，使国民身体素质明显提高。[1]

---

[1]　阎照祥：《英国政党政治史》，北京：中国社会科学出版社，1993 年版，第 335 页。

20世纪初自由党政府的社会改革后，英国开创了一个新的社会保障制度，从而缓解日益严重的社会贫困现象，调节了各阶层之间的矛盾。政府通过社会保险方式为国民提供保障，取代了传统的济贫法制度。此后，英国国民遭遇困难时不必求助于苛刻的济贫法，而是依靠国家组织的社会保障渡过难关，可以说，英国已经出现了福利国家的雏形。

3.《贝弗里奇报告》

20世纪40年代期间，当英国还处在对德作战的艰苦时期，政治家和学者就已经在考虑战后社会重建的问题了。1941年，受丘吉尔政府的委托，威廉姆·亨利·贝弗里奇领导一个专门委员会，开始了对战后社会重建中若干问题的调查与研究，并于1942年出版了《社会保障及其有关服务》的报告，又称《贝弗里奇报告》（以下简称《报告》）。

《报告》分析了英国现有社会保障制度的弊端，并在总结已有经验的基础上画出战后社会保障计划的蓝图。贝弗里奇认为，英国现有社会保障体制的弊端是缺乏统一的原则和标准，各管理机构各行其是。例如，在工人的疾病补贴和使用方面，有七个部门直接或间接参与管理，管理机构冗杂与机构功能重叠影响工作效率。《报告》认为，新的社会保障计划要以社会保险作为福利国家体制建设的核

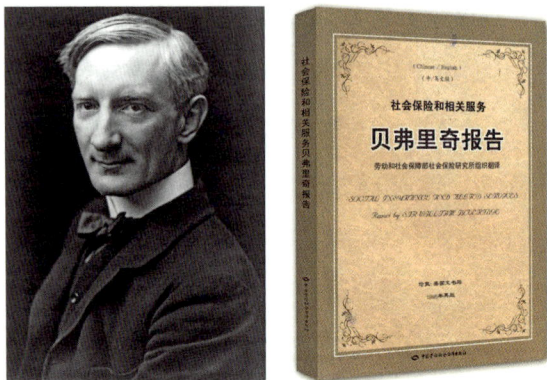

图 5-9　贝弗里奇和《贝弗里奇报告》

心，使全民参与并享受同等待遇，福利体制的日常运营及工作交给社会保障部统一协调管理，根据人口和保障需求设计不同的保障项目来应对国民生活中的各种分享，给国民提供维持生存最低标准的保障，从而"树立了系统的实施社会计划而不是零敲碎打地解决个别需要这样一种政策的典范"①。

《报告》指出，社会保险的基本目的是防止和减少由于失业、疾病、事故、老年、死亡、寡妇或其他因素所造成的收入中断或损失而带来的贫困，并在此基础上为其他因素带来的困难提供帮助。因此，新的社会保障计划应当承担三个基本任务：一是为所有 15 岁以下的儿童提供补助或让所有儿童接受全日制教育直到 16 岁；

① 黄素庵：《西欧"福利国家"面面观》，北京：世界知识出版社，1985 年版，第 59 页。

二是为社会所有成员提供合适的医疗卫生和康复设施以防止疾病和治疗疾病，使他们能够保持或者恢复工作能力；三是维持就业，也就是说避免群众性失业。①

《报告》提出，在改进社会保障制度时，应遵循以下三个原则：第一，在规划未来的时候，既要充分利用过去积累的丰富经验，又不要被这些经验积累过程中形成的部门利益所限制。社会福利制度需要彻底的改革，而非头疼治头，脚痛医脚的改良。第二，应当把社会保险看成是促进社会进步的系列政策之一。成熟的社会保险可以提供收入保障，从而有助于消除贫困，但贫困仅是英国社会问题之一，疾病、愚昧、肮脏和懒惰等问题也亟待解决。第三，社会保障需要国家和个人的合作。国家的责任是保障服务提供和资金筹集，但在尽职尽责的同时，国家不应该扼杀对个人的激励机制，应该给个人参与社会保障建设的机会并赋予他们一定的责任。

《贝弗里奇报告》为英国开创了福利国家制度模式，在贝弗里奇的构想中，国家一方面要满足国民的普遍要求，使每一个人可以获得足够的津贴以抵御生活中的不幸，但又不破坏个人的职责和激情；另一方面，国家福利只是为了防范匮乏，国家的供应没有超过社会安全网，因此仍然鼓励人们节俭和独立的习惯。可以说，"贝

---

① ［英］贝弗里奇：《贝弗里奇报告：社会保险和相关服务》，华迎放译，北京：中国劳动社会保障出版社，2004 年版，第 120 页。

弗里奇所要求的是一种为了全社会利益又不牺牲基本自由的引导、指挥和控制经济职能的全面政策"①。《贝弗里奇报告》出版后，受到英国各社会阶层的欢迎，他们渴望这一计划尽快变为现实，在第二次世界大战后，英国工党政府以《贝弗里奇报告》为蓝图，建立了福利国家。

4. 福利国家的诞生

在第二次世界大战前夕，饱受战争摧残的民众希望英国政府建立"新的经济政策和社会政策，以免战争结束后再次被抛入失业的深渊"。工党回应了民众要求社会保障制度改革的迫切呼声，在1945年大选中，工党以《让我们面向未来》为竞选纲领，提出了一揽子全面建设福利国家的社会改革计划，包括：在住房上"以最快的速度实施一个建房计划，直到每一个家庭都有高水平的住房"；在教育上"在最短时间内将学生毕业年龄提高至16岁，实施成人教育和免费的中等教育"；在医疗保健方面"使所有人都得到最好的免费服务，使金钱不再是接受最好医疗的条件"；在社会保障方面"颁布针对所有人的保险法，保证将人们遭遇困难时的痛苦减至

---

① ［美］爱·麦·伯恩斯：《当代世界政治理论》，曾炳钧译，北京：商务印书馆，1983年版，第184页。

最低限度"①。可见，工党要使国家承担起保障公民福利的职责，要使每个公民都能享受到社会福利服务，因此赢得了选民的支持，出乎意料地战胜了保守党而上台执政。

艾德礼政府于 1946 年颁布《国民保险法》《国民健康服务法》，于 1948 年颁布《国民救济法》，构建起福利国家的三大基石，即国民保险制度、国民健康制度与国民救济制度，进而实现了社会保障制度管理的统一化。1948 年 7 月 5 日，三部法案同时生效，标志着英国已经建成福利国家。从此，全体英国人从出生到死亡的整个阶段，完全处于国家的监护之下。

《国民保险法》将保险范围扩大到所有民众。法案规定，凡已离开学校，又未达到领取养老金年龄者，一律投保，终身享受社会保险；根据投保人需要，分别提供失业补助、疾病补助、产妇补助、寡妇补助、儿童照管补助、丧葬补助等；失业保险扩大到所有行业，投保人因上述原因领取补助金每人每周 26 先令，夫妇每周 42 先令，受伤的工人每周 45 先令，其妻子每周 16 先令，儿童每周 7 先令 6 便士。

《国民健康服务法》在英国建立起全面广泛的医疗保健制度，以改善国民的健康状况，加强对疾病的预防，诊断和治疗工作。法

---

① 闵凡祥：《国家与社会：英国社会福利观念的变迁与撒切尔政府社会福利改革研究》，重庆：重庆出版社，2009 年版，第 61 页。

图 5-10　1945 年大选由工党获胜

案规定将所有医院收归国有，除个别收费项目外，所有的医疗服务
项目一律实行免费；为实现医疗资源平等分配，建立地区委员会负
责管理并重新分配全国医生，以照顾缺少医生的地区；确立医生薪
金制，使病人可以免费让医院的专家来家里看病；建立医疗服务中
心，负责初级医疗服务。

　　《国民救济法》是为因各种原因缴纳不起社会保险金的公民提
供的社会救助。法案规定，当一个人无论从何处所得（包括按政府

规定所领取的补助）的累计收入仍低于国民最低生活标准，或因特殊状况（没有领取保险金资格的人，因火灾、洪水等特殊事故而处于困境中的人、因意外事故导致伤残）需要救济时，即可申请此项补助，从而得到额外补助；地方政府为贫穷的人提供住所和其他服务；救济支出由议会拨款；建立国民救济局提供帮助和救济。

由此可见，在战后初期，英国通过短期内的一系列社会立法，建立起"从摇篮到坟墓"的福利国家，每个人的生老病死，都成为国家责任的一部分。福利国家政策的着眼点，已不再是济贫法所关心的"救穷"，而是把生老病死、医疗卫生、失业贫困、教育住房等，作为一个整体的职责全部交给了国家，由国家承担起所有的社会责任。[①] 更为重要的是，社会福利不再是济贫法时代的国家恩赐或慈善施舍，也不再是 20 世纪初仅限少部分人享有的待遇，而是成为每个公民普遍享有的基本公民权利。福利国家在制度设计上实行普遍主义原则，即人们无论条件如何，无论受保人缴费多少，都有资格享受同样的福利待遇，国民保险所提供的补助更是延续到受保人的家庭成员，将全体公民都纳入其中。

---

① 刘金源、洪霞：《潮汐英国人》，成都：四川人民出版社，2001 年版，第 170 页。

四、福利国家的运作及变革

第二次世界大战后，英国建立了"从摇篮到坟墓"的福利国家。福利国家给民众带来福祉的同时，也给国家带来了沉重的财政负担。20 世纪 70 年代以后，当英国的经济出现危机时，福利国家也陷入了困境。为此，保守党和工党相继进行福利制度改革，以应对福利制度下的各种挑战。

1. 福利国家的运作

作为世界上第一个福利国家，英国在二战后建立起一个由社会保险、社会补贴、社会救助、国民健康和社会服务组成的社会保障体系。其中，社会保险制度处于核心位置，享受社会保险收益的前提是缴纳足额社会保险税。与社会保险并行的是一整套无须缴纳社会保险税就可以享受的社会福利制度，包括全民免费的国民健康制度、满足人们特殊需要的社会补助制度、向贫困者及其家庭提供援助的社会救济制度，以及用社会力量向居民提供帮助的社会服务制度。[①]

社会保险制度是通过雇主、雇员（或自由职业者）和国家缴费作为基金，当受保人因年老、生病、伤残、生育、死亡或失业等原因失去收入时，由国家保险基金支出保险金，以保障受保人及其家属的基本待遇。社会保险包括养老保险、失业保险、疾病保险、产妇津贴、寡妇津贴、工伤保险和战争抚恤金等。

图 5-11　领取福利津贴现场

---

① 周弘主编：《国外社会福利制度》，北京：中国社会出版社，2002 年版，第101 页。

社会保险制度中有许多项目是无须缴纳保险税就可以享受的，即社会补贴，包括子女津贴、住房补助、病残看护补助等。领取社会补贴不需要缴税获取资格，即使收入有保障，只要符合补助条件就可以申请领取。以住房补贴为例，凡家庭周收入符合规定标准的，其房租或房地产税可以给予 60% 的补贴或折扣，如高于规定标准，则相应减少住房补贴的百分比。[①]

社会救助是对社会保险和社会补贴的补充，生活中总有因突发事件（各种灾害）或特殊困难需要政府救济的人，社会救济就是为这部分人提供的帮助。社会救助的对象包括：（1）无法享受到社会保险计划保障的穷人与社会游民等，这些人由于生活极端困难而无法投保，不具备从社会保险中获益的资格；（2）低收入者及其家庭成员，在需要治疗牙科疾病、外科手术以及配置眼镜的时候，可以申请救济；（3）16 岁以上居民中收入不足以满足最低生活水平的人。[②]

凡是居住在英国的人基本都可以免费在国民健康体系下属的医疗机构中就医。英国国民健康服务制度可分为两个部分：初级医疗服务和医院服务。其中初级医疗服务是由全科诊所和全科医生提供，医院服务由国有医院提供。除急诊外，居民生病先接受初级医疗服

① 吕学静：《现代各国社会保障制度》，北京：中国劳动社会保障出版社，2006 年版，第 103 页。
② 刘长琨主编：《英国财政制度》，北京：中国财政经济出版社，1999 年版，第 136 页。

务，在全科医生处预约就诊，如有需要则转诊到医院。从初级医疗到医院服务几乎可免费享受，还为患者免费提供假肢、助听器、轮椅以及救护车服务等。但也有一些收费项目，例如牙科治疗、视力检查和配眼镜、药品处方，其中产妇、哺乳期妇女、儿童、退休者、战争或因公伤残津贴领取者以及低收入家庭可以免交处方费。

社会服务是针对生活自理困难群体提供的服务，服务对象包括老人、儿童、残疾者和精神失常者，政府会聘请社会工作者为他们提供必要的照顾和生活用品，帮他们解决日常生活中的困难。老年人和精神失常者的社会服务以居家照顾为主，社区工作者上门提供家政服务和照护；儿童的社会服务是建造托儿所和提供庇护或照管；残疾者的社会服务包括提供助残设备、安排住宿、提供就业岗位等。

总而言之，在福利国家制度下，每一个英国公民的生活都不低于"国民最低生活标准"。由此，长期以来的贫困问题基本得到解决，民众的生活条件普遍提高，大多数家庭拥有现代电器、汽车和私宅。不仅如此，国民健康水平和平均寿命明显改善。同 20 世纪 30 年代相比，男性公民的平均寿命由 54 岁提高到 70 岁，女性由 48 岁提高到 76 岁。

从济贫法到社会保险制度再到福利国家的发展历程，英国终于建立了国家主导的社会保障体系。英国通过社会保险、社会补助与和社会救助制度，为全体国民提供收入保障，通过国民健康服务提供免费医疗，通过社会服务解决生活困难。从此，"在国家的社会与经济生活中出现的失业、疾病与其他不幸都可以通过福利国家得到解决"。福利国家的建立是英国社会现代化的里程碑，标志着国家对社会经济生活的干预达到史无前例的最高阶段，表明国家已从自由放任的"守夜人"转变为积极干预的政府，顺应了长期以来英国社会的期盼，表明资本主义制度根据时代变迁做出了与时俱进的调整。

2. 福利国家的危机

福利国家满足了战后人们对安定幸福生活的愿望与需求，但福利国家不是万能的，有些问题是它无法解决的。不但不能解决已有问题，而且还滋生出一些新的问题，以至于一些批评者如是说："被大多是人看成是社会民主政治之核心的福利国家，如今制造出来的问题比它所解决的问题还要多。"[①]20 世纪 70 年代，随着英国战后经济的衰落，特别是在世界石油危机爆发后，福利制度的弊端凸显出来，英国福利国家面临多重困境：

第一，福利国家的"开支"危机。国家全面介入社会福利领域后，政府用于社会福利的开支迅速增加，成为政府的最大的一笔支

---

① ［英］安东尼·吉登斯：《第三条道路：社会民主主义的复兴》，郑戈译，北京：北京大学出版社，2000 年版，第 17 页。

出。1965—1966年度，与英国的福利开支高达65亿英镑，而20年后则接近920亿英镑了。而随着英国失业率上升、人口老龄化和医疗成本上升，英国政府的福利开支将进一步增加。英国政府即使想减少福利开支，却因顾及选票问题而难以在福利问题上进行大幅度的改革。英国两党既要改革福利制度又想取悦选民，结果左右为难，进退维谷，苦无良策。①

第二，福利国家的税收危机。福利国家运作主要依靠税收，英国实施高额累进税制，收入越高则税收越高。英国近年来的资本和人力外流与税收过重是分不开的。资本的本质是对利润赤裸裸的追逐，它总涌向有更大收益的地区和部门。以前外流人力往往是在国内找不到出路的人，而现在移居国外的却多是有一定收入和地位的专业人才，包括科学家、医生、工程师、作家、运动员等，他们外迁不是为了寻找机会，而是想保留更多的税后财产。大量资本和专业人员外流，必然会对英国经济发展产生负面影响，更重要的是，这必然造成一个恶性循环：随着外流人力增加，国内纳税人的税收负担就越重，导致更多人力外流。

第三，福利国家的"发展动力"危机。福利国家建立以来，在减少收入差距的同时，也使工人、企业和投资者失去了就业、市场竞争和扩大投资的动力。对于劳动者而言，由国家提供收入保障使

---

① 周弘：《福利的解析：来自欧美的经验》，上海：上海远东出版社，1998年版，第146页。

他们失去了工作积极性，甚至滋生懒惰心态和对社会保障的依赖情绪：在各种福利政策下，不努力工作照样可以生活，还可以不用缴税。对于企业和投资者来说，劳动生产率降低意味着利润减少和市场竞争中的风险性增加，由于投资回报率不高，企业和投资者"宁要储蓄而不要投资，宁要消费而不要储蓄，宁要财产分散而不要财产集中，这对于资本形成都是不利的"①。由于国内生产和投资积极性减弱，英国经济疲软，英国福利国家也就缺少了发展动力。

第四，福利国家的"效率和质量"危机。福利国家诞生以来，就形成了一个庞大的行政机构。英国政府付出巨大的人力、物力和财力来运作这个机构，但福利机构越庞大，它的效率就越低下。免费医疗尤其以低效率著称：在英国医院看病排队是一件非常普遍的事情。福利国家的服务以统一标准提供，其质量不尽如人意：每个人都有补助，以至于每个人得到的服务质量都很低。比如养老津贴和儿童津贴，许多家庭不需要，但几乎一半养老津贴和3/4的儿童津贴给了那些并不是迫切需要的人。②

英国福利国家一度引人羡慕，但随着英国经济衰退，福利国家的问题也就显露出来。目前，福利国家面临着开支增加、税收减少、

---

① 罗志如、厉以宁：《二十世纪的英国经济——"英国病"研究》，北京：商务印书馆，2013年版，第186—187页。
② 于维箴：《当代英国经济——医治"英国病"的调整与改革》，北京：中国社会科学出版社，1990年版，第270页。

图 5-12　福利国家危机

缺乏发展动力以及福利机构效率和服务质量低下的危机：维持福利依赖税收支持，但高额税收往往导致经济疲软，加剧了民众对福利保障的诉求，进而形成恶性循环，而经济效率低下与社会福利开支之间又形成一个新的恶性循环。福利国家制度的确存在问题，但造成福利国家困境的根本原因是英国无法突破经济滞胀带来的危机，这实际上反映的是资本主义经济制度的自身缺陷。

3. 福利国家的变革

在福利国家建立之初，人们天真地认为，只要建立福利国家，就能保证社会公平。但英国作为福利国家经过几十年发展之后，英

国社会已经认识到福利国家制度的重重弊端。越来越多的人对政府
包揽一切的社会福利政策产生质疑，对不断增加的福利税收表示不
满，甚至认为长期的福利政策并没有解决英国的贫困问题。人们对
福利国家危机的讨论及对社会福利政策的重新反思，开启了 20 世
纪 70 年代以后英国福利国家的改革进程。

　　此时，英国社会所要解决的问题已经不再是普遍的贫困，而是
怎样在减少高额福利支出的同时，提高社会福利服务效率。1979 年，
以撒切尔为首的保守党上台执政，开始对福利国家进行改革。保守
党政府改革的理论依据是具有鲜明新自由主义特点的撒切尔主义。
其在社会福利方面的主要目标是，降低社会福利支出，减轻英国社
会保障支出给经济造成的沉重负担，合理减轻国家在社会保障方面
的责任与地位，强调个人在社会保障中应该承担更加积极的义务与
责任。[1]

　　保守党政府首先降低了一些社会保障项目的津贴标准，以达到
减少政府社会保障支出的目的。从 1980 年开始，政府逐渐降低了
疾病与失业短期津贴，1982 年取消疾病与失业短期津贴。1986 年，
政府颁布《社会保障法》，降低了养老津贴水平。其次，改变了社
会福利的支付方式。例如疾病津贴一直由国民保险或社会保障部
的地方官员以现金方式支付，1982 年的《社会保障与住房津贴法》

---

[1]　丁建定：《英国社会保障制度史》，北京：人民出版社，2015 年版，第 369 页。

颁布后，由雇主为病人支付最初 8 个月的疾病津贴。再次，改变社
会福利制度的普遍性原则，实施选择性原则，强调个人的责任和义
务。1986 年颁布的《社会保障法》规定，新的收入补贴只发放给
低收入者、丧失工作能力者、单亲家庭等最贫困的团体。[①] 最后，
积极推行社会保障私营化。保守党政府提倡将社会福利私有化和市
场化，主要体现在国民保健制度及养老金制度方面。1990 年英国
颁布《国民保健与社会关怀法》，对国民保健制度实施私有化与市
场化改革，将医院与社会关怀从地方卫生当局的直接控制下释放出
来，建立起自主经营的国民健康服务公司。政府鼓励和推行职业养

图 5-13　妇女以静坐方式反对撒切尔政府削减福利开支

---

① 陈晓律、于文杰、陈日华：《英国发展的历史轨迹》，南京：南京大学出版社，2009 年版，第
306 页。

老金和私人养老金制度。1988 年起，所有企业必须为雇员建立职业养老金，政府还鼓励个人通过银行储蓄和商业保险等方式，为自己准备养老费用。

保守党政府的社会福利制度改革在减少政府开支方面取得了一定的成效，但在缓和社会问题方面的效果并不理想。撒切尔大刀阔斧削减社会福利支出的社会政策，遭到公众强烈反对。在 1996 年的大选中，英国选民转而支持工党，希望作为福利国家创建者的工党，能够为英国人再建充分有效的社会福利制度。工党政府改革的依据是吉登斯提出的"第三条道路"社会保障思想。吉登斯倡导的是一种积极的福利，即公民个人和政府以外的其他机构也应该为福利做出贡献。[①] 吉登斯主张在保持积极社会保障的前提下，注重市场与私营企业的作用，并积极主动预防和控制风险，提高公共政策的效率和实施效果。布莱尔政府的社会福利改革措施基本上是吉登斯思想的具象化。

1997 年新工党上台执政后，发布了绿皮书《我们国家的新动力：新的社会契约》，提出工党政府社会福利政策改革的基本原则：强调以工作代替福利，增加用于教育、培训及其他促进就业方面的支出，减少直接用于提供社会救济的支出；强调社会服务为主，现金

---

① ［英］安东尼 · 吉登斯：《第三条道路——社会民主主义的复兴》，郑戈译，北京：北京大学出版社，2000 年版，第 121 页。

服务为辅，强调个人在社会福利制度中的责任，鼓励个人为自己的社会保障承担起更多的责任；改革英国社会保障管理体制，政府不应该垄断社会福利事业，应该将福利工作的重点从发放福利津贴逐步转变成为全体英国公民提供良好的公共服务，加强对社会保障基金的监督与管理，防止社会保障津贴发放时的欺骗行为。

失业保障制度改革是工党政府福利制度改革的主要内容。工党政府推行"工作福利模式"，使工作成为享受福利的基础和个人改善生存状况的途径。[①] 社会福利部门为失业者提供就业咨询和就业培训；为雇主提供补助，鼓励他们尽可能雇佣失业者；鼓励单亲家庭家长参加工作，提高单亲家庭的自我保障能力。这种工作福利模式，有效鼓励了民众积极就业，还在降低福利开支方面起到了积极作用。

养老金制度改革也是工党福利制度改革的重要方面。1999年的《福利改革和养老金法》规定，保留国家基础养老金，但是降低其在养老收入来源中的比例，以提倡和推动私人养老金计划；建立附加国家养老金制度，为最需要帮助者提供养老金；为就业不规律者，例如照看孩子的父母、残疾人等提供养老保障。在医疗保健制度方面，工党政府延续保守党的医疗服务市场化改革。

① 陈晓律、于文杰、陈日华：《英国发展的历史轨迹》，南京：南京大学出版社，2009年版，第315页。

　　不过，无论是撒切尔政府的市场化改革，还是工党政府"第三条道路"的调整，都未能彻底化解福利国家的危机。原因在于，福利国家的危机实质上反映了资本主义自身的弊端。撒切尔政府和工党政府的福利制度改革均是以大幅削减公共支出为主要手段，力图将公众注意力从阶级矛盾转移到福利国家的制度问题，将斗争焦点转移到巨额财政支出上，这种避重就轻的调整只能解一时之急，无法从根本上缓解福利国家危机。纵观历史，英国政府曾多次在危急时刻调整福利制度以挽救自身，但面对福利国家的困境，英国是否能再次推陈出新，推行新一轮的福利制度改革，仍是未解之谜。

Chapter 6

聚散离合：英国的入欧与脱欧

2016 年英国脱投公投是 21 世纪最令人瞩目的"黑天鹅"事件，在维系了 40 多年的联姻关系后，英国选择与欧共体分道扬镳，这对于英、欧双方乃至全世界都将产生重大影响。其实，脱欧公投对于英国来说，并不是什么新鲜事。在历尽波折而于 20 世纪 70 年代加入欧共体之后，英国为何会发起两次脱欧公投、并最终与欧盟走上分道扬镳之路呢？英国的入欧与脱欧，蕴含着英国人怎样的利益考量呢？请关注战后以来英国的入欧与脱欧。

一、从光辉孤立到三环外交

英国入欧与脱欧，从本质上来说，是其外交政策与时俱进加以调整的结果。一个国家的外交，从根本上而言受制于这个国家的综合国力及其所决定的国际地位。英国对于欧洲大陆的政策也是如此。从地理位置、历史沿革、文化联系上看，英国毫无疑问是个欧洲国家。但 19 世纪中叶后，随着"日不落帝国"形成以及"世界工厂"地位确立，作为全球霸主的英国不再视自己为欧洲国家，而表现出超然于欧陆之外的态度。英国的欧陆政策，由此也经历了从光辉孤立到三环外交的转变。

1. 光辉孤立下的欧陆均势

从 19 世纪中叶起，处于霸权巅峰的英国推行以维持均势为目标的"光辉孤立"政策，这后来逐渐演化为英国独特的外交传统。虽然"光辉孤立"政策始于 19 世纪中叶，但这一术语的出现是在

19世纪末。1896年1月，在加拿大议会辩论中，保守党人乔治·福斯特提出："在当今颇为动荡不安的日子里，伟大的母帝国光辉地孤立于欧洲。""光辉孤立"，并不是指英国要孤立于国际社会之外，而是指和平时期英国不与欧洲大国缔结具有长期义务，特别是军事义务的同盟条约，以维持欧陆大国势力均衡、相互牵制的局面。对此，英国海军大臣戈申表示："我们的孤立不是软弱的孤立或给自己带来蔑视的孤立。它是一种故意选择的孤立，是在任何情况下可以按自己意志采取行动的自由。"[1] 换言之，如非绝对必要，英国拒绝用任何固定同盟来束缚自己，从而保持行动上的自由。

图 6-1　漫画《约翰牛和他的朋友们》：1900 年的欧洲

---

[1]　计秋枫、冯梁：《英国文化与外交》，北京：世界知识出版社，2002 年版，第 211 页。

    "光辉孤立"成为 19 世纪中后期英国外交政策的指导原则。当时，英国长期游离于德奥意三国同盟与法俄同盟两大阵营之外。首相索尔兹伯里不止一次拒绝俾斯麦提出的组建英德同盟的建议，认为应该"努力保持符合英国利益的欧洲均势"。为了维持这种均势，从 19 世纪起，英国坚持扶弱抑强，为打击欧洲大陆强国；英国不断转变结盟对象，以维持欧陆大国的实力均衡。例如，在拿破仑战争时期，面对法国的崛起与扩张，英国联合普、俄等国，组建反法联盟，最终击败法国，并将欧洲各国疆界恢复到法国大革命前的状态。在克里米亚战争中，面对沙皇俄国势力的扩张，英国又联合法、奥等国，联合对俄作战，最终打破了俄国称霸欧陆的迷梦。当然，英国为维持均势所参与的联合或结盟都是暂时性的，一旦实现其目的，原有的联合或结盟随即宣告解体，英国随即又进入到"光辉孤立"的状态。

    "光辉孤立"政策的推行，除了得益于英国孤悬于欧陆之外的有利地理因素，还有着如下因素：一方面，强大的综合国力为孤立主义外交政策提供了坚实保障。1850 年工业革命完成后，英国成为世界霸主，"无论在海上称霸还是在世界贸易方面，它都不怕任何对手"[①]。作为单一世界霸权国家，此时英国不需要任何盟友就可以实现其全球战略目标。另一方面，更好地捍卫国家利益的需要。

[①] 〔美〕保罗·肯尼迪：《大国的兴衰》，蒋葆英等译，北京：中国经济出版社，1989 年版，第 175 页。

维多利亚时代的"日不落帝国",拥有广阔海外市场和庞大殖民地,英国的国家利益首先体现为开拓和维护海外殖民地。英国政治家期望避免卷入复杂的欧洲事务,而集中精力来维护与开发殖民地,以争取更多经济与政治利益。迪斯雷利首相曾这样形容道:"如果英国利益遭到攻击或威胁,我们将立即宣告停止中立。全世界批评说这是一种自私政策,但这是一种爱国主义的自私自利。"

进入 20 世纪后,由于英国实力相对下降以及欧洲局势的变化,英国逐渐放弃"光辉孤立",转而推行与相关国家结盟的政策。

2. 通过结盟维持地区均势

进入 20 世纪后,随着殖民地离心倾向增长以及工业霸权的衰落,要应对来自各方的霸权挑战者,英国发现自己已力不从心,只得通过结盟来遏制挑战者。1902 年 1 月 30 日,为了共同对付俄国,英国与日本在伦敦订立条约,建立英日同盟,该同盟一直延续到 1921 年 12 月。英日同盟的订立,是"光辉孤立"政策走向终结的标志。它意味着:当俄国在远东地区扩张日益加剧,危及到英国在远东的利益及霸权时,英国开始借助日本的势力,来共同遏制这个潜在的对手,维持远东地区的均势。

但有意思的是,五年之后的 1907 年,英国却又与俄国在圣彼得堡订立《英俄条约》。英国与俄国接近,是想将俄国拉入英法联盟,

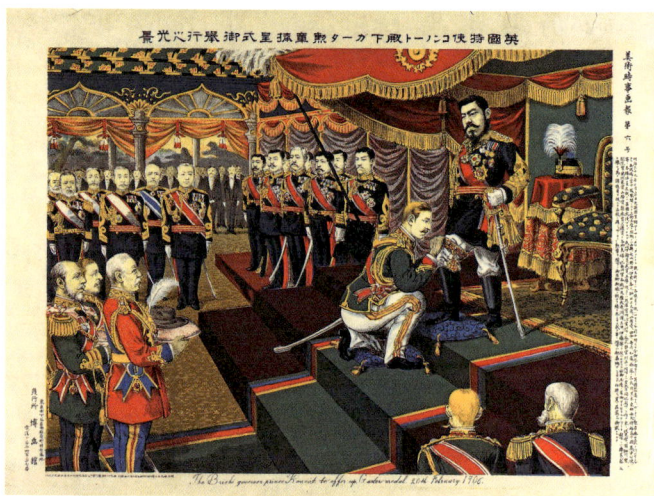

图 6-2   1906 年，英日结盟后明治天皇正在接受嘉德勋章

来共同应对德国的崛起。因为在 20 世纪初，德国逐渐在欧陆确立起霸权，这打破了英国曾长期维持的欧陆均势。作为对德、奥、意组建的三国同盟的回应，英国先后与法、俄两国结盟，组成协约国集团，目的是增加对抗德国的砝码，力图恢复欧洲均势。1912 年，外交部常务次官尼克尔森指出："我们的政策并不复杂，即不被任何人以任何方式来束缚我们的手脚，要独立对自己的行为做评判，继续与法俄保持密切的关系。这是和平的最佳保证。"[1] 英国人所说

---

[1]   钱乘旦等：《日落斜阳——20 世纪英国》，上海：华东师范大学出版社，1999 年版，第 354 页。

的"和平"，实际上就是英国自 19 世纪中叶以来一直维持的欧陆国家相互制衡的均势局面。

20 世纪上半叶，英国经历了两次世界大战，这两次战争加速了英国从世界霸主地位上的跌落进程。德国是两次世界大战的策源地，德国对英国霸权的挑战成为两次世界大战的重要根源。在以一己之力难以遏制或战胜德国的情况下，英国被迫诉诸结盟方式。一战时期，英国与法、俄、日等国结盟来对付德奥集团；二战时期，英国与法国并肩作战，后来又与苏联、美国组建起反法西斯联盟，赢得了战争胜利。英国试图通过结盟来维持地区均势，遏制德国的扩张。当德国一意孤行、挑起大战时，英国力图维持的均势已无法实现，英德两大集团的交战不可避免。

在两次世界大战中，欧洲都是主战场。在很大程度上，战争可以看作是欧洲国家内部的一场消耗战，战争促成了战后欧洲的衰落以及美国的崛起。尽管英国是两次世界大战的战胜国，但战争不仅消耗了英国的国力，而且瓦解了"日不落帝国"。二战之后，英国的世界霸权逐渐被新兴的美国所取代，而其对欧陆政策也不可避免地做出相应调整。

3. 力挽颓势的"三环外交"

工业霸权的衰落、战争的摧残，使得二战后的英国走上了衰落之路。但作为曾经的世界霸主及"日不落帝国",无论是普通民众还是政治家,短期内都难以接受这样一个事实。对于英国政治家来说,在综合国力下降、国家走向颓势的情况下,通过外交政策的调整来维护英国的大国地位,成为其所追求的目标。"三环外交"就是顺应这一形势下的产物。

"三环外交"是英国首相、保守党人丘吉尔在战后所提出的外交方针。二战末期的 1944 年 5 月,丘吉尔在下院一次演说中,首次提到了作为"三环"的"三个伟大实体",即英帝国、一个真正的联合的欧洲、同美国的友好关系。经过数年的周密思考与完善后,1948 年 10 月,已经卸任首相职位的丘吉尔,在保守党年会上正式提出"三环外交"的总方针。丘吉尔满怀激情地说道:"在此关系到人类命运的变革时刻,在展望我国未来的时候,我感到在自由和民主国家中存在着三个大环。……第一个环当然是英联邦和英帝国及其所包括的一切;第二个环是包括我国、加拿大及其他英联邦自治领在内,及美国起着如此重要作用的英语世界;最后一个环是联合起来的欧洲。这三个大环同时并存,一旦它们连接在一起,就没有任何力量或力量的结合足以推翻它们,或敢于向它们发起挑战。"而在丘吉尔看来,英国是"在这三环中的每一环里都具有重要地位的唯一国家,事实上正处在三环间的连接点上"[①]。

---

① 陈乐民:《战后英国外交史》,北京:世界知识出版社,1994 年版,第 62 页。

从丘吉尔的演说中可以看出，三个大环成为英国维持大国地位的重要支柱。新兴的英联邦及没落的英帝国是第一环，这表明英国依然想借助帝国或联邦之首的地位，来捍卫其日益没落的霸权。包括美国在内的英语国家，事实上就是英美特殊关系是第二环，这意味着英国已经接受美国霸权崛起、英美霸权和平转移的现实，在过去的两次世界大战中，美国都是在战争后期参战并由此改变了战局，战争推动了美国建立起资本主义世界的霸权。英国认识到，战后只有借助美国的力量，才能抗衡苏联势力的扩张，维持英国的世界一流国家地位，英美特殊关系成为三环中的关键所在。联合起来的欧洲是第三环，这表明英国对欧政策已经发生了转变，从此前的欧洲均势转变到了欧洲联合，这是因为，在英国自身实力衰落、无力维持均势的前提下，欧洲陷入到两次世界大战，而英国不可避免卷入其中；欧洲国家如果实现和解与联合，不仅可以避免内部战争，而且可以更为有力地抵御苏联的威胁，这正是英国所追求的目标。

不难发现，"三环外交"是英国国力日衰现实下在外交政策中以退为进的一种策略。英国以帝国及联邦之首的地位，借助英美联盟的特殊关系，利用欧陆国家的联合来抵御苏联，以维持自身强国地位，力图使英国成为与美苏平起平坐的一流强国。联合起来的欧洲也成为其中一环，这表明英国已经认识到其外交政策中欧洲国家的重要性。尽管如此，面对满目疮痍的欧洲，英国人觉得，帝国与联邦以及英美特殊关系的重要性，要远远大于融入欧洲所带来的好

图 6-3　反映英美特殊关系的漫画

处。在英国人眼中，英国依然是一个全球性强国，而并非欧洲强国；英国与美国一样，都是欧洲的解放者，因此没有理由去参与欧洲一体化，成为欧洲诸国中的平等一员。"我们同欧洲有联系，但不属于它。我们被连接，但不是被包含。我们对欧洲感兴趣并保持联通，而不是被吸纳"①。这段话形象而生动地反映出英国在欧洲一体化问题上的心态与立场，也决定了英国在入欧问题上的波折。

---

① 马瑞映：《疏离与合作：英国与欧共体关系研究》，北京：中国社会科学出版社，2007 年版，第 9 页。

二、艰难入欧与首次脱欧

二战之后，尽管英国乐于见到曾经陷入相互争战的欧洲国家走向联合，但英国却处于置身事外的立场。直到 1961 年，面对自身的衰落以及欧洲一体化的成就，英国才谋求加入欧共体。但由于法国的反对，直到十年后，英国的入欧愿望才得以满足。似乎令人不解的是，在 1973 年入欧后，为了寻求更为有利的入欧条件，英国于 1975 年举行了一次草率的脱欧公投，结果以失败而告终。艰难入欧与草率脱欧，反映出英国在欧洲一体化进程中的矛盾心态。

1. 舒曼计划及英国的态度

二战结束后，在一体化思潮的推动下，欧洲的联合启动，而《舒曼计划》的出台成为重要标志。罗贝尔·舒曼是法国外交部长，1950 年 5 月 9 日，在与美国国务卿艾奇逊商谈后，他在巴黎举行的一次记者招待会上提出倡议："把法德的全部煤钢生产置于一个其他欧洲国家都可以参加的高级联营机构的管制之下"，"各成员国之间的煤钢流通将立即免除一切关税"，建立一个超国家的"对德国、法国及未来成员国都有决定权的高级机构"，这个机构就是欧洲煤钢共同体。在《舒曼计划》的设计师莫内看来，将欧洲各国的煤钢资源交付给一个由各国参加的欧洲权力机构领导和管理，"此举将导致欧洲的统一，但不仅仅是在合作中的统一，而是在通过把欧洲各国人民所同意的部分主权转移到一种类似中央联盟的形式中去求得统一"①。

舒曼计划由法国提出、德国认可，是一个具有远见卓识的计划，旨在促进欧洲和平与团结。此前一个世纪，德法两国在普法战争、一战、二战中互为敌人，煤、钢是最为基础的战争工业，而消除这两大工业的国家控制权，则能有效避免参加国之间的战争。从这个意义上说，舒曼计划能实现法德、甚至所有参加国之间的和解，进而实现欧洲团结。舒曼计划提出后，立即受到西德总理阿登纳的欢迎，因为这有利于改变德国的战败国地位。不仅如此，意大利、比利时、荷兰、卢森堡也做出积极回应。1951 年 4 月 18 日，六国通过在巴黎接近一年的协商谈判，终于达成协议，签订了为期 50 年的《欧洲煤钢联营条约》，又称《巴黎条约》。一年之后，条约正式生效，欧洲煤钢共同体宣告成立。

---

① 赵怀普：《英国与欧洲一体化》，北京：世界知识出版社，2004 年版，第 56 页。

图 6-4 欧洲煤钢共同体海报

舒曼计划提出后，海峡对岸的英国却持一种漠视态度。法国在提出该计划前并未与英国人协商，自尊心受到伤害的英国非常懊恼。因此，无论是外交部的声明，还是首相艾德礼的发言，均冷淡地表示，将对舒曼计划进行仔细、详尽的研究，态度极不明朗。为了消除英国的顾虑，该计划共同提出者莫内随后访问伦敦，拜会了艾德礼、丘吉尔、各级政府官员、商人、法学家等，试图利用其社会关系来游说英国政策加入舒曼计划，但收效甚微。莫内沮丧地承认："英国并没有被说服。"

对于舒曼计划，英国两大党均持质疑或否定态度。执政的工党发表的《欧洲统一》宣传册，强调英国政府将选择政府间的合作方式，从而排除了作为欧洲一个紧密联盟中成员的可能性。在野的保守党领袖丘吉尔也表示：英国处于英帝国和英联邦的中心地位，并与美国有着兄弟般的关系，因此不能接受作为欧洲联邦制度中充分成员国的地位。[①]

英国对于欧洲煤钢联营的冷漠及拒绝，除经济方面的考量以外，还有两个至关重要的因素：其一，"三环外交"的影响。联合的欧洲只是出于三个环之一，维持英国大国地位成为两党共同追求的目标，英国不太可能为了融入欧洲而放弃帝国与联邦、英美关系这两个环。其二，对于欧洲煤钢共同体的本质及走向的担忧。欧洲煤钢

① 陈乐民：《战后英国外交史》，北京：世界知识出版社，1994年版，第74—75页。

共同体具有超国家主义色彩，参与国需要让渡一部分国家主权，其最终走向是建立超国家的欧洲联邦，这有悖于英国反联邦主义的政治文化及现实的政治利益。

英国的漠视与拒绝并未阻止欧陆国家联合的步伐。1955 年，煤钢共同体的原则推广到其他经济领域，六国建立起欧洲共同市场。1957 年《罗马条约》签订后，欧洲经济共同体与欧洲原子能共同体组建起来。1965 年签订的《布鲁塞尔条约》，决定将欧洲煤钢共同体、欧洲原子能共同体和欧洲经济共同体统一起来，统称"欧洲共同体"，欧共体总部设在比利时的布鲁塞尔。面对欧陆国家日益紧密的经济合作及其成就，英国决定另起炉灶。1960 年，英国、丹麦、挪威、葡萄牙、瑞士、瑞典、奥地利七国签订《斯德哥尔摩条约》，组建起欧洲自由贸易联盟，简称"欧自联"，总部设在瑞士日内瓦。

这样，战后初期的欧洲，区域经济一体化出现了两条路径：由法德倡导并组建的欧共体六国，致力于"建立共同市场和不断促进经济政策接近"，甚至具有一定的政治抱负；而英国倡导组建的欧自联七国，致力于消除关税壁垒，"实行工业品的完全自由贸易"，目的在于建立自由贸易区。[①] 不同的宗旨及目标导致二者发展成就迥异：无论从两大组织的贸易额还是从成员国的经济增长率来说，

①　洪邮生：《英国对西欧一体化政策的起源和演变》，南京：南京大学出版社，2001 年版，第 336 页。

欧共体都远远超过欧自联；从成员国数量看，共同体从最初六国发展到高峰时期的 28 国，欧自联从最初七国起步，后来虽有扩大，但目前仅剩下四国。欧共体强大的磁场效应使得多国改弦易辙，作为倡导者的英国则更是抛弃旧友，考虑加入欧同体。

2. 一波三折的入欧之旅

英国对欧洲联合的立场，从 1950 年代初无情拒绝，到 1960 年代初迫切加入，这种转变，除国力下降、经济日衰等因素以外，还因为"三环外交"遭遇困难。1956 年"苏伊士运河危机"中，作为盟友的美国对英国施压、迫使其接受停火并撤军，令所谓的英美"特殊关系"降到了冰点。非殖民化浪潮下殖民地纷纷独立，帝国分崩离析，英联邦虽然取而代之，但英国的控制力及其所获得的权益已今非昔比。美国国务卿艾奇逊一语道破了英国的窘境："英国已经失去了帝国，但还没有找到一个新的角色。英国试图通过与美国的'特殊关系'以及脆弱和不稳定的英联邦为基础，来谋求发挥超越欧洲的一个独立大国的作用，这注定是要失败的。"[①] 为走出这种困境，英国开始调整"三环外交"，着力提升欧洲一环的地位。

英国的首次入欧申请是在保守党麦克米伦政府时期。1961 年 7

---

① 赵怀普：《英国与欧洲一体化》，北京：世界知识出版社，2004 年版，第 119—120 页。

月 31 日，麦克米伦向下院提出，英国要和六国就加入欧共体进行谈判的决定。他说：《罗马条约》的政治目标是促进欧洲统一和稳定，这符合英国的利益，英国不能孑然一身，而应在把自由世界引向更大团结的运动中保持自己的地位。麦克米伦的决定，很快得到议会的同意；不久，位于布鲁斯尔的欧共体执委会也发表公报，赞许英国对欧政策的转变，表示将尽力为实现欧洲的统一作出贡献。这样，8 月 9 日，英国正式向六国提交加入欧共体的申请。英国组建了以掌玺大臣爱德华·希思为首的阵容庞大的代表团，10 月 10 日起赴欧洲展开谈判。这次谈判涉及的主题包括：英国与英联邦的特殊关系，英国的农业利益，欧洲自由贸易联盟成员国的利益等敏感问题。谈判过程中，英国与六国的立场尖锐对立，但六国在谈判中的态度颇有区别。荷兰、比利时、卢森堡态度比较缓和，而法国的态度却比较强硬。法国总统戴高乐不客气地指出，英国想要在兼顾英联邦以及英美"特殊关系"的前提下加入共同体，会促使共同体淹没在某种大西洋主义之中。英法之间的矛盾与对立使得英国入欧谈判陷入僵局。

为了打破英国的幻想，在谈判一年多无果以后，1963 年 1 月 14 日，戴高乐在巴黎的记者招待会上突然宣布，法国拒绝英国加入共同体的决定。戴高乐给出的理由是：英国已组建欧洲自由贸易联盟来抗衡共同体，现在却要加入，令人费解；英国不愿意在共同农业政策上做出让步；英国在政治上还没有做好疏远美国、亲近欧洲的准备，英国入欧等于在共同体内安插进一个美国的代言人，这对于倡导欧洲独立、多次与美国"顶牛"的戴高乐来说不可接受。[①]这样，由于在共同体内占据至尊地位的法国的反对，英国首次入欧申请以失败告终。

首战告败的英国人并没有失去信心，1964年，威尔逊领导的工党上台执政，加入欧同体重新提上议事日程。威尔逊当政后就表示："在公平之风的吹拂下，我们将以自己的谈判方式进入共同市场，昂然而入，而不是爬着进去。"[②]为扫清谈判障碍，1966年11月，威尔逊委任外交大臣布朗对六国进行"侦查"访问。布朗满怀信心地表示："大卡车开始启动，现在任何东西都阻挡不了它。"然而，与五年前相比，英国入欧的基本环境没有多大变化，谁都清楚英国入欧的决定权仍然掌握在戴高乐手中。在与布朗会晤时，戴高乐只是表达了对英美特殊关系的担忧，并未直接予以否定，这给了英国以极大信心。

1967年5月11日，在得到议会下院表决授权后，英国第二次向六国提出申请，要求加入欧共体。然而，在5月16日巴黎的记者招待会上，戴高乐再一次公开表达了反对意见，如英国经济不足

① 陈乐民：《战后英国外交史》，北京：世界知识出版社，1994年版，第132页。
② 马瑞映：《疏离与合作：英国与欧共体关系研究》，北京：中国社会科学出版社，2007年版，第36页。

以维持成员国地位、英国不是真正的欧洲国家，英国加入后会成为共同体内的"特洛伊木马"等。为避免重蹈覆辙，布朗随即访问法国，与戴高乐进行沟通；同时承诺在共同农业政策、英联邦特惠制等问题上做出让步，这得到了"友好五国"的欢迎。尽管如此，在11月27日的记者招待会上，戴高乐抓住英镑贬值的借口，重申了其反对态度。戴高乐尤其不满英国的亲美立场，认为英国入欧会"减弱成员国的内聚力，最终会把共同体导入美国控制下的大西洋联盟"。英国的第二次入欧申请，在未进入谈判阶段，就因戴高乐的反对而泡汤。

1969年4月，由于国内宪政危机，戴高乐被迫辞职，次年则因病去世。继任总统蓬皮杜在英国入欧问题上的态度，比起戴高乐要缓和得多。为了平衡欧共体内德国日益扩张的势力，法国改变了此前的强硬立场，欢迎英国入欧。由此，1970年6月30日，刚刚当选首相的保守党人希思，不失时机地提出第三次入欧申请。与六国的谈判进行得艰难而漫长，双方在英联邦特惠制、共同农业政策、英国的预算摊派等问题上交锋激烈，直至1971年6月底才达成协议。经过英国议会辩论及表决通过后，1972年1月22日，准予英国加入欧共体的条约在布鲁塞尔签字，英国艰难的入欧之旅走到了终点。1973年1月1日，英国正式加入欧共体。

英国加入欧共体，是战后英国国力日衰后做出的务实选择，这不仅标志着其"三环外交"实现了从倚重英联邦和英美特殊关系朝着面向欧洲的战略转变，而且意味着英国人在游离于欧洲一个多世纪后，又最终回到了欧洲大家庭的怀抱。英国入欧表明，霸权、强国与荣耀已成为过去，与法国、德国等国家一样，英国人不得不接受其作为世界二流国家的现实。

3. 脱欧公投的初次尝试

英国从 1961 年提出入欧申请，在十余年中历经波折，经过三次努力，终于在 1973 年成为欧同体成员国，实属不易。但令人困惑的是，在加入欧洲大家庭的两年之后，英国却又举行了欧共体历史上第一次脱欧公投。那么，英国在急切入欧后又忙着脱欧，这是为什么呢？

一方面，在英国申请入欧过程中，国内始终存在着强大的反对派势力，通常称为"疑欧派"。例如，第三次入欧谈判达成的协议，在 1971 年 10 月议会下院经过了长达六天的激烈辩论，最终以 356 票对 244 票获得通过。1972 年 1 月英欧双方签订的加入共同体条约，在下院的争论依然激烈，最终以 267 票对 239 票获得通过。[①] 处于在野地位的工党内部，反对的声音尤其强烈。威尔逊对于保守党在入欧条件上的让步极为不满，在竞选过程中就表示，工党上台后将

---

① 赵怀普：《英国与欧洲一体化》，北京：世界知识出版社，2004 年版，第 165 页。

图 6-5　1973 年 1 月 1 日，英国加入欧共体当天的《卫报》报道

重启与欧共体的谈判，以获取更好的入欧条件，这就为脱欧公投埋下了伏笔。另一方面，1974 年 2 月大选中获胜的工党，面临着日益严峻的经济形势，中东战争引发石油危机，导致英国财政赤字增高，通货膨胀严重，失业率飙升。当时民意测验表明，超过半数民众认为是加入欧共体造成的，并认为入欧是个错误。

为了兑现竞选时的承诺，同时也为了平息党内疑欧派的不满，1974 年 10 月，工党政府与欧共体重开谈判。谈判涉及的依然是英联邦农产品准入、共同农业政策、英国的预算摊派及英镑汇率自由等问题。至1975年3月，双方谈判终于达成了协议。六国在捍卫欧共体原则基础上，还是在相当大程度上对英国做出了让步，给予英国以照顾，让其留在共同体内。有意思的是，尽管协议在内阁及下院以多数票获得通过，但执政的工党内，反对派势力非常强大。4月9日下院投票的315名工党议员中，145人反对，137人赞成，33人弃权。只是得益于保守党新领袖撒切尔夫人的支持，协议才能以196票对170票涉险过关。更麻烦的是，在4月26日工党特别大会上，工会支持下的疑欧派占据主导地位，大会投票否决了重新达成的协议。情急之下，首相威尔逊只得使出最后的撒手锏。他告诉民众：这些投票都是无效的，不一定代表民意，只有全民公投才能决定协议的最后命运，第一次脱欧公投由此走上前台。

由此看来，强烈主张留欧的工党首相威尔逊，为了履行竞选承诺及平衡党内反对派，不得已诉诸脱欧公投。为了避免公投可能出现的意外，在全民公投前夕，威尔逊每天都要发表演说，号召民众参与投票，决定国家命运。6月5日，全民公投开始，人们就这个问题进行投票："你认为联合王国应该留在欧洲共同体（共同市场）里吗？"全国约64%的选民、即2 585万民众参加了投票，其中赞成票占67.2%，反对票占32.5%，留欧派获得压倒性优势而大获全胜。至此，关于英国在欧共体内的去留争论宣告结束，英国融入欧洲已成为大势所趋。

1975年的第一次脱欧公投标志着英国对欧政策转型的成功。

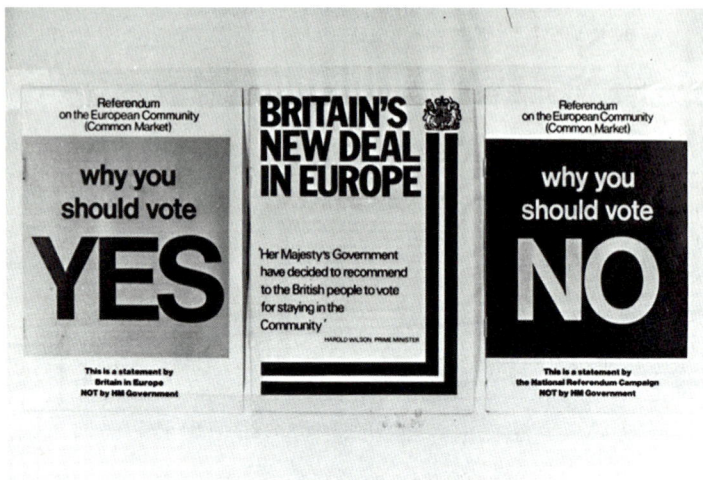

图 6-6　1975 年英国第一次脱欧公投

《每日电讯报》在评价脱欧公投结果时指出："这不仅是威尔逊的胜利，也是英国政府欧洲政策的成功。希思政府只是把英国的行政机关带进欧洲，而威尔逊政府则把英国人民带入欧洲。"[1]

---

[1]　马瑞映：《疏离与合作：英国与欧共体关系研究》，北京：中国社会科学出版社，2007 年版，第 175 页。

三、欧盟成员中的尴尬伙伴

1975 年 6 月 5 日的全民公投，结束了英国国内在入欧问题上的辩论，这意味着在对于自身认知上，英国已经完成了从世界大国向二等国家的转变。但从英国及欧共体的目标来看，两者之间却存在着明显的差异，这不可避免地使得双方之间的关系出现矛盾、冲突甚至对立。由此，在欧共体中，与其他成员国的同心同德相比，英国往往被视为欧共体内三心二意的"尴尬伙伴"。

1. 孤立主义与疑欧主义

英国在欧共体或欧盟成员国中沦为"尴尬伙伴"，从根源上来说，是因为英国对欧政策一直受到孤立主义与疑欧主义的影响，这两种思潮长期主导着英国的对欧政策。

孤立主义在近代以来曾长期主导英国的欧陆政策，尽管 20 世纪中叶由于英国国力衰落而转向"三环外交"，但作为一种思潮的

图 6-7　英欧关系漫画：《被遗弃的船》

孤立主义依然阴魂不散，在英国政坛发挥着持续影响力，在一定程度上主导着英国的欧洲政策。以保守党为例，根据 1997 年调查，保守党议员仅 25% 在某种程度上支持推进欧洲一体化，带疑欧倾向的却有 56%。同样的现象也出现在内阁之中，至少三名阁僚拒绝配合梅杰首相的欧洲政策，梅杰愤而辱骂他们"杂种"。从民间来看，孤立主义具有广泛的群众基础。1975 年，旨在推动公投脱离欧共体的政治团体"全国公投运动"，拥有 12 个地区办公室和 350 个地方分支机构。英国1991年签署《马斯特里赫特条约》前后，至少诞生了27个反对签约的院外集团。孤立主义使英国公众对欧洲事务缺乏关注。由于对欧盟事务缺乏了解，英国受访者回答关于欧盟问题的正确率在所有成员国中一直处于最低水平。英国民众日常阅读的《太阳报》《每日邮报》甚至一直在渲染欧洲一体化的弊端，"在媒体激烈竞争的年代，强硬、生动、简单的观点比问题性的、复杂的观点更吸引人……以至于作为官方政策的战略在英国媒体的报道最少"①。孤立主义者担忧英国在欧洲一体化进程中利益受损，尤其担心一体化可能导向侵蚀民族国家主权的统一的欧洲政府和欧洲国家，而这一长期前景被认为是灾难性的。

疑欧主义是指对欧洲一体化建设所持的一种不信任、怀疑甚至反对的思潮。在英国申请入欧过程中，甚至在英国成功入欧之后，疑欧主义在英国国内具有持续的影响力。英国是欧盟成员国中疑欧主义最盛的国家之一，而这与英国游离于大陆之外的岛国地理位置、大国情节以及对于议会主权的重视有很大关系。疑欧主义在20世纪80年代末向政界渗透，并最终演化成为脱欧的思想根源。1988年9月，撒切尔夫人在比利时布鲁日欧洲学院发表演讲，认为欧洲一体化应服务于民族国家利益，不宜超出民族国家联合的范围，而

---

① ［英］提摩西 · 加顿 · 艾什：《自由世界：美国、欧洲和西方世界的未来》，张宁译，北京：东方出版社，2009年版，第29页。

"独立主权国家的合作是成功建立欧洲共同体的最佳方式"。撒切尔对于布鲁塞尔官僚机构统驭下中央联邦政府表示鲜明反对,认为"欧罗巴合众国"的想法是一个"永远不会到来的,因为我们不希望它成为现实"的乌托邦。因此,在她看来,欧洲政治家不应试图创造单一的欧洲认同,原则应是求同存异,因为"欧洲将来如果强大起来,那也是因为法国就作为法国、西班牙就作为西班牙、英国就作为英国,各国保有各自的习俗、传统和认同,硬把它们并入一种拼凑起来的欧洲身份是愚不可及的"。至于英欧之间的关系,在撒切尔看来,欧共体应当成为英国维护本国利益的手段之一,而非唯一选择。

撒切尔的演说,成为疑欧主义从政治边缘走向主流的标志。此后,疑欧主义对于英国的对欧政策产生着持续的影响力。撒切尔当政时期,通过强势谈判,在预算摊派及共同农业政策上收获了不少利益。梅杰当政时期,英国虽然延迟批准了《马斯特里赫特条约》,却拒不加入欧元区。英国利用欧盟市场促进经济繁荣的同时,也在警惕将自身命运与欧洲绑定,这种疑欧主义使英国不断强调主权独立国家地位、政策选择或决策权以及自由进退的权利。也就是说,一旦英国认为欧洲一体化走得过了头,特别是制度安排及利益分配有损于己,就要扮演"刹车者"的角色,以阻止欧盟朝自己不希望的方向前进,如果无力阻止就以"退出"相要挟。① 进入 21 世纪后,

---

① 曲兵、王朔:《透视英国的"疑欧主义"》,《现代国际关系》,2016 年第 4 期,第 48 页。

疑欧主义随着欧盟遭遇危机愈演愈烈，最终演化成脱欧公投的重要推动力量。

2. 欧盟成员国中的例外者

战后欧洲的联合，经历了从 1967 年欧洲共同体向 1993 年欧洲联盟的转变，这标志着欧洲联合从经济实体向经济政治实体的过渡。随着各成员国对于民族国家主权的让渡，欧洲一体化在广度与深度上取得了重大成就。从广度来说，欧盟东扩以后，欧盟成员国一度达到 28 个；从深度来看，一系列超国家主权的机构建立起来，如欧盟委员会、欧盟理事会、欧洲议会、欧洲法院、欧洲央行等。这表明，欧洲一体化以经济为先导，正在向政治、外交、防务、司法等方向全面推进。面对欧洲一体化对于国家主权的侵蚀，英国的焦虑与不满在增加，并力图通过谈判方式来捍卫自身的国家权益。为了留住英国，欧盟也适度做出了妥协，在一体化进程中给予英国"特殊待遇"，使得英国成为欧盟成员国中的例外者。这主要表现在如下几个方面：

第一是预算摊派问题。根据有关规则，欧盟总预算根据成员国的国民总收入按比例"摊派"，并且每年作一次调整。如果成员国的国民总收入增长率高于年初预期，其"摊派"费会加码，反之则会得到"退款"。1979 年 6 月，撒切尔夫人在斯特拉斯堡欧共体首脑会议上声称财政摊派对英国不公。1984 年，撒切尔政府迫使欧共体妥协，同意为英国确立永久性折扣机制：英国每年可获得一笔返还款，相当于英国支付份额与欧共体用于英国开支差额的 66%。因此，到脱欧之前，尽管英国在欧盟中交纳金额仅次于德国，却可得到每年约 48 亿欧元的返款，英国的预算贡献比例得到大幅削减。

第二是单一货币问题。1991 年 12 月的马斯特里赫特会议上，英国反对建立欧洲单一货币，并由此获得自行选择是否参加经济与货币联盟的特权。货币统一问题成了"欧洲怀疑论的试纸"。1997 年议会选举中，超三分之一保守党候选人发表"个人宣言"，反对欧洲单一货币，展示出强大的民意基础。1999 年 1 月 1 日，欧盟实行单一货币——欧元。而在此之前，首相梅杰明确表态："我不能同意在 1996 年或 1997 年以前使英镑成为一种单一货币的一部分。"[1] 直到 2016 年决定退出欧盟之时，英国始终没有加入欧元区，坚持使用自己的货币英镑。英国坚持不放弃货币政策的独立性，是不想让欧盟共同货币政策影响到国内的经济决策。

第三是边境管控方面的政策。1985 年 6 月 14 日，德国、法国、荷兰、比利时和卢森堡五国，在卢森堡边境小镇申根签署《关于逐步取消共同边界检查》的协定，又称《申根协定》，其宗旨在于取消各成员国之间边境，自由通行，无限期居住。欧盟成员国中，除

---

①   林勋健主编：《政党与欧洲一体化》，北京：当代世界出版社，2000 年版，第 372 页。

图 6-8　欧元与英镑

了英国与爱尔兰，其他国家都加入了《申根协定》。根据 1997 年修改后的《欧洲联盟条约》（即《阿姆斯特丹条约》）附加议定书，英国被允许有选择地参加《申根协定》部分条款。英国保留与其他申根协定国的内部边境检查，不采用共同签证政策，因而在移民和难民政策上也不受申根协定约束。英国政治家在边境控制方面十分坚决。布莱尔向民众保证"绝不会放弃边境控制"，而内政大臣巴巴拉·罗切公开表示：英国永远不会放弃边境控制权，不会完全接受《申根协定》。

　　第四是人权、社会事务和劳动保障等社会政策。欧盟社会政策的基本内容,体现在《欧洲社会宪章》《工人基本社会权利宪章》和《欧盟基本权利宪章》之中,这些宪章在大部分共同体国家都得到了很好的执行,但英国在这方面却是个例外。如2000年公布的《欧盟基本权利宪章》,完善了欧盟公民权的基本内涵,是体现欧盟基本价值观的重要文件。英国却坚持《宪章》只是宣言性文件,对于成员国不具有法律效力。在英国的反对下,该宪章最终未被纳入《里斯本条约》正文。英国还对欧盟出台的关于劳工政策方面的绝大多数指令,都持反对意见,迟迟不予落实,虽然这些宪章条款对其他欧盟国家仍具有约束力。由于英国在理事会讨论中常常对投反对票,致使欧盟社会政策的多个议案流产。在英国的强烈要求下,共同体被迫允许英国在重大条约的社会政策条款方面"选择性退出",英国的例外权得以体现。

作为对英国例外者地位的总结,2007年6月,布莱尔领导下的工党政府划定了一条英国不受欧盟约束的"红线",这包括独立立法权、司法权和国内事务方面的独立决策权、社会安全和税收控制权以及外交政策决策权等。这条"红线"的划出,意味着英国在一体化进程中保持着谨慎态度和巨大独立性。英国的做法很巧妙,在欧盟通过加强一体化的重大决策时,英国都是权衡利弊,没有坚决抵制和否决,而一旦涉及具体转让主权时,英国则坚决拒绝。①

---

① 马振岗:《我所知道的布莱尔》,北京:东方出版社,2015年版,第169页。

英国在很多领域选择不参加或不合作,其目的是保证在关键政策上的选择权,不受非必要的条约义务束缚。由此,英国既能享受欧盟单一市场的益处,又在货币、边境、社会政策等领域享有充分自主权,体现出英国所秉持的民族国家利益至上原则。而一旦欧洲一体化遭遇挫折或困境,需要英国额外的责任或义务时,英国选择退出欧盟似乎也在情理之中了。

四、意外而艰难的脱欧之路

进入 21 世纪后，由于受到全球经济衰退及中东难民潮的影响，欧盟面临自成立以来最为严峻的危机。在此情势下，英国本应与其他成员国一起紧密合作，共同应对危机。但出人意料的是，英国却走上了在困难面前寻求自保、独善其身的道路。2016 年 6 月 23 日，经过全民公决，英国决定退出欧盟，这成为震惊世界的"黑天鹅事件"。经过三年多的拉锯战，2020 年 1 月 31 日，英欧双方各自完成了脱欧程序，英国正式退出欧盟，英欧关系从终点又回到了起点。

1. 欧债危机与难民问题

21 世纪初，成员国不断扩大的欧盟开始遭遇一系列挑战，其中最为严峻的当数欧洲债务危机及中东的难民问题，这成为英国脱欧的导火索。

欧洲债务危机是推动英国脱欧的重要经济因素。2009 年 12 月，希腊官方宣布其财政赤字达到国民生产总值的 12%。已加入欧元区的希腊，无法通过增发货币来摆脱危机。由于国际评级机构纷纷下调希腊的主权债务评级，导致投资者纷纷抛售希腊国债，欧债危机由此爆发，并迅速蔓延到经济同样低迷的爱尔兰、意大利、西班牙等国。欧债危机爆发后，欧盟立即着手实施欧元区援助计划，但英国却拒绝参与到救助机制中去。欧债危机暴露出欧盟内部财政协调不畅问题，因此，2010 年 5 月，欧盟委员会出台改革建议，要求各国上交财政主权，实施欧盟内统一的财政政策，包括限制成员国财政赤字、赤字超标罚款等举措，这引起英国严重不满，首相卡梅伦公开反对欧盟扩大财政权力，认为"这不是一个明智的选择，因此英国选择不参加"[1]。

值得注意的是，欧债危机对于欧元区之外的英国经济也造成拖累。当危机发生时，英国国内经济形势尚好。与此相应，其对欧盟财政预算贡献比例大幅提升。据统计，2014 年英国向欧盟提供了约 100 亿欧元，而此前英国每年为欧盟预算贡献约为 40 亿欧元。[2]英国人对此大为不满。2014 年 11 月欧盟财长会议上，欧盟与英国就预算摊派产生分歧。经过谈判，英国财政大臣乔治·奥斯本成功把英国摊派金额砍掉一半，而且推迟到次年以分期形式缴纳，卡梅

---

[1] 李奇泽：《英国脱欧：进展与前景》，北京：人民出版社，2017 年版，第 29 页。
[2] 刘黎：《英国这次是否真的决定离开》，《环球财经》，2016 年第 6 期，第 46 页。

伦为此称赞他"做得好"。英国的利己主义做法使其与欧盟之间产生严重裂痕。

　　中东的难民问题进一步降低了英国对于欧盟的认同与信任，基于孤立主义的脱欧公投的提出成为英国与欧盟博弈的最后砝码。从 2013 年起，随着中东、北非地区战乱连绵，尤其是延续多年的叙利亚内战，导致大量难民涌入欧洲，远远超过周边国家的收容能力。仅 2015 年前三季度，就有超过 50 万外来移民申请在德国避难。不少难民还集中在法国的加莱，伺机由英吉利海峡隧道偷渡到英国。难民问题成为困扰欧盟国家的共同难题。2015 年 9 月，欧盟委员会主席容克在欧洲议会发表讲话，要求成员国按配额制接收 16 万难民。这一强制"摊派"方案遭到英国严厉拒绝。卡梅伦表示："如果目前的所有焦点都集中在调整欧洲范围内难民分配比例的事情上，就不会解决问题。反而还会向人们发出信息，让许多人相信登上一艘小船，开始一段危险旅程是一个好主意。"面对德、法等国的指责，英国声称，自己已是叙利亚边境难民营的最大援助国，那里接受援助的难民数量比逃到欧盟的多得多。随着英国与欧盟在难民危机上博弈的升级，欧盟在英国民众中支持率急剧下滑。2015 年 6—10 月，英国民众对留欧的支持率从 61% 下降到 52%，英国人对欧盟已产生信任危机。①难民问题成为公投中脱欧派频繁使用的利器。

---

①　金玲：《英国脱欧：原因、影响及走向》，《国际问题研究》，2016 年第 4 期，第 28 页。

图 6-9 2015 年欧洲难民危机

2. 政治冒险下的公投方案

面对欧盟自身危机的加剧以及英国国内疑欧主义盛行，作为留欧派代表、保守党首相卡梅伦开始不失时机地提出了脱欧公投的想法。2008 年全球金融海啸及随后的欧债危机，导致英国公众疑欧情绪不断上升，这种情绪向政界不断蔓延，推动了脱欧派的崛起。2010 年，保守党领袖卡梅伦领导的联合内阁上台后，不仅对于欧洲一体化态度日益消极，而且试图改革欧盟来调适英国与欧洲的关系。2011 年 10 月，部分保守党议员向议会提交退出欧盟的全民公决议案，虽以失败而告终，但议案得到 81 名保守党议员支持。

2013 年 1 月 23 日，卡梅伦就英欧关系发表讲话，他承诺指出：如果能赢得 2015 年大选，他将在一年内批准所需法律，制定与欧盟关系的新原则，然后就脱欧问题举行全民公投，让人民有机会选择继续留在欧盟或者退出欧盟。[①]卡梅伦并不属于脱欧派，但其尝试政治冒险，主动提出"脱欧公投"，其目的在于：对内是为了赢得民意，捞取选票，弥合党内裂痕；对外则是借"脱欧"向欧盟要价，以此同欧盟订立新契约，减少英国的负担，以此达到一箭双雕的结果。

2015 年 5 月，保守党在大选中获胜，卡梅伦连任首相，顺利组阁。面对日益高涨的脱欧民意，5 月 28 日，英国政府向议会提交脱欧公投方案，并很快获得议会两院通过。根据法案，18 岁以上英国公民，将针对"英国是否应该继续保留欧盟成员国身份"这一问题进行投票，预计符合投票资格的总人数为 4 530 万；法案还承诺，最晚在 2017 年底之前，英国将就是否退出欧盟举行全民公投。随后，卡梅伦脱欧公投法案为砝码，与欧盟展开谈判。谈判的核心问题，是英国继续留在欧盟内必须享有的特殊条件，这包括：反对欧盟滥用"人员自由移动"原则的行为，减少欧盟对成员国经济政策的干预；增加成员国议会在欧盟法律制定中的发言权；在欧盟单一市场之下，加强对非欧元区成员国的保护措施。在 2016 年 2 月

---

① 李奇泽：《英国脱欧：进展与前景》，北京：人民出版社，2017 年版，第 30 页。

的欧盟峰会上，在德国默克尔总理的强力支持下，英国与欧盟达成协议。这份协议对于英国的诉求做出了积极回应，同意保留英国在欧盟内的特殊地位。

欧盟所做出的让步，使得天平向有利于留欧派的方向倾斜，对于有意留欧的卡梅伦来说，这正是其所想要的。在卡梅伦看来，英欧协议在一定程度上满足了脱欧派的诉求，这会打消脱欧派势力。如果趁热打铁，迅速提出并实施脱欧公投，那么，他说领导的留欧派就会主导公投走向，避免公投获得通过。正是出于这样的考虑，卡梅伦宣布将于 6 月 23 日举行脱欧公投，并呼吁公众支持英国留在欧盟。

不难发现，作为留欧派的代表人物，保守党首相卡梅伦提出脱欧公投，从政治层面来看，是为了在分裂的民意中获取支持，在英欧矛盾中获得谈判砝码，以维护其自身的政治权力。从 2013 年公投提出，到 2016 年公投实施前，无论是政界还是社会各界，绝大多数人都认为，脱欧公投是卡梅伦玩弄的政治把戏，通过的概率微乎其微。但事实上，这却是一场实实在在的政治冒险。作为民主制的发源地，如果要对"英国是否应退出欧盟"做出决断，可以采取两种方式：其一是作为间接民主的代议制方式，即由作为人民代表的议会议员投票来决定；其二是作为直接民主的全民公投方式，即拥有投票权的全体公民、采用一人一票方式，根据简单多数原则来决定。就议会投票而言，脱欧派此前曾在议会提出过议案，但在

600 多个席位的下院，支持者从未超过百人。

可见，如果由作为政治精英的议员来投票决定，留欧成为板上钉钉的事情。就全民公决而言，1975 年英国曾就是否留欧举行过一次失败的全民公投。21 世纪又将举行的脱欧公投，主流观点均认为通过可能性不大。因此，这就成为卡梅伦愿意在脱欧公投上进行政治豪赌的底气所在。如果公投结果是留在欧盟，那么，卡梅伦的留欧立场将得到"人民的支持"；如果公投结果是脱离欧盟，那么，卡梅伦就会辞职，政治生涯宣告结束。这场政治冒险的结果，最终交到了参与公投的民众手中。

3. 彰显分裂的脱欧公投

从 2016 年欧盟峰会后卡梅伦正式宣布，到 6 月 23 日举行脱欧公投，在这四个多月时间，脱欧成为英国政治与社会生活中最热的议题。为了能在脱欧公投中一决雌雄，留欧派与脱欧派使尽浑身解数，四处发表演说，进行广泛群众动员。由于脱欧决定着英国的未来走向，并与每个人的生活息息相关，因此整个社会对于脱欧的关注度，超过了 21 世纪以来任何一个政治议题。然而，在对待这个议题的立场上，英国社会却陷入到严重分裂，这种分裂贯穿于脱欧进程的始终。

就处于执政地位的保守党而言，本意想留欧的卡梅伦，出于平

图 6-10　脱欧派在游行中

衡党内脱欧派势力而提出脱欧公投，实际上使得党内的分裂进一步
加剧。就脱欧与否问题，保守党内分成以首相卡梅伦以及财长奥斯
本为代表的留欧派，以前伦敦市长鲍里斯·约翰逊等为代表的脱欧
派，两派之间在脱欧问题上态度迥异。卡梅伦认为，留欧能够为国
家和民众创造价值，留欧会更强、更安全、更富有；而脱欧可能造
成的经济、英镑、国际地位等方面的损失。为了威吓脱欧派，卡梅
伦甚至警告说，如果英国脱欧，其自身安全会受到威胁，而且欧洲
可能出现第三次世界大战。脱欧派代表约翰逊则针锋相对，指责欧

盟像当年的拿破仑和希特勒一样，企图在整个欧洲建立一个超级国家。在约翰逊看来，来自欧盟的"不受限制"的移民正在压低英国工人的工资水平，并给学校教育与国民健康服务体系造成压力。

作为处于在野地位的工党来说，其内部在脱欧问题上也陷入一定程度的分裂。工党内部形成以左派党魁科尔宾为代表的脱欧派以及以右派副党魁汤姆·沃森为代表的留欧派。从支持率来看，工党内支持留欧的约占 65%，支持脱欧的约占 35%。科尔宾作为最大反对党领袖，优先考虑选举利益。为了避免党内分裂，他迟迟未能阐明工党立场及其具体路径，处于被动回应的状态。① 但从内心而言，科尔宾属于彻底的脱欧派。在 1975 年脱欧公投中，科尔宾就投票支持脱欧；1993 年，科尔宾在下院投票反对创立欧盟的《马斯特里赫特条约》；2011 年欧债危机时，科尔宾也明确反对英国加入欧盟创设的财政稳定机制。科尔宾的盟友塔里克·阿里曾表示：如果科尔宾不是工党领袖，他一定会为英国脱离欧盟而奔走呼号。以沃森为首的留欧派认为，留欧符合英国的利益，也符合工党的政治利益；工党作为一个整体应该打留欧牌，以便争取选民支持。

作为英国第三大政党的自由民主党，在脱欧问题上态度明确，即旗帜鲜明地反对英国脱欧。党魁蒂姆·法伦认为，欧盟仍然是保障各成员国共同利益的最佳框架，与脱欧相比，英国留欧是更好的

---

① 李奇泽：《英国脱欧：进展与前景》，北京：人民出版社，2017 年版，第 30 页。

选择，它能"确保英国在欧洲的地位"。在他看来，脱欧是部分政治家煽动民众愤怒情绪的结果，希望民众保持冷静，避免被政客所误导。值得关注的是，以脱欧为宗旨、法拉奇所领导的独立党异军突起。成立于1993年的独立党是欧洲议会中英国第一大党，但在英国下院只占有一个席位。虽然对立法实际影响力微乎其微，但其在脱欧宣传中的表现可谓独树一帜。作为一位亲民的政治家，法拉奇注重与下层民众的互动，他的脱欧观点主要有：脱欧后的英国可以不用分担欧盟的预算谈判，这笔钱可以用来补贴部分关键行业的国有化；英国可以自主制定移民政策与难民政策，无须受到欧盟约束；退出欧盟可以强化英国的国家主权，能更好地维护国家利益。针对留欧派关于脱欧将重挫英国经济的言论，法拉奇不屑一顾地表示：市场不会对一个能够对本国政策负责的英国经济失去信心，英国可以自己掌握能源政策、渔业政策、钢铁政策和金融服务监管，而无须一味依赖欧盟的监管。

在脱欧与否问题上，政界内部分裂导致整个社会的分裂。在留欧派与脱欧派的激烈对峙中，脱欧公投于2016年6月23日如期举行。约72%的选民参加了投票，创下近年来投票率的新高。根据投票结果，脱欧派以52%比48%的微弱优势险胜。公投结果出乎人们的意料，因此脱欧公投成为"黑天鹅事件"。卡梅伦集团精心策划的政治游戏弄巧成拙，卡梅伦集团预计公投脱欧概率是百分之一，没想到极右翼独立党和保守党内部脱欧派联合，通过宣传攻势占据上风。① 对此，法国《解放报》嘲讽称："英国'脱欧马戏团'已经演砸了，他们自己都不知道如何收场。"的确，在公投结果公布的当天，近百万民众涌上伦敦街头，反对公投结果，要求举行第二次公投，而议会网站上要求再次举行公投的签名超过了 500 万。不过，无论是英国政府还是议会，都明确否认了再次公投的可能性。作为脱欧公投的设计者，卡梅伦被留欧派指责为"历史的罪人"，而不得不宣布辞职。英国脱欧已成定局，而以什么样的方式来脱欧，则成为继任者所面临的难题。

4. 脱欧拉锯战的终结

卡梅伦被迫辞职后，首相职位被特蕾莎·梅所继承，这也是继撒切尔夫人之后英国历史上的第二位女首相。如果说，在卡梅伦当政时期，英国关注的焦点脱欧与留欧之争；那么，到特蕾莎·梅当政后，在脱欧已成定局情况下，人们关心的则是英国以何种方式来脱欧。在这个问题上，英国执政党内又出现"硬脱欧"与"软脱欧"的两派之争。"硬脱欧"派的主要代表，包括外交大臣约翰逊、国际贸易大臣福克斯等人，在他们看来，既然公投结果是"脱欧"，

---

① 杨帆、杨柳：《英国脱欧的深层原因与欧盟的发展前景》，《新视野》，2017 年第 1 期，第 116 页。

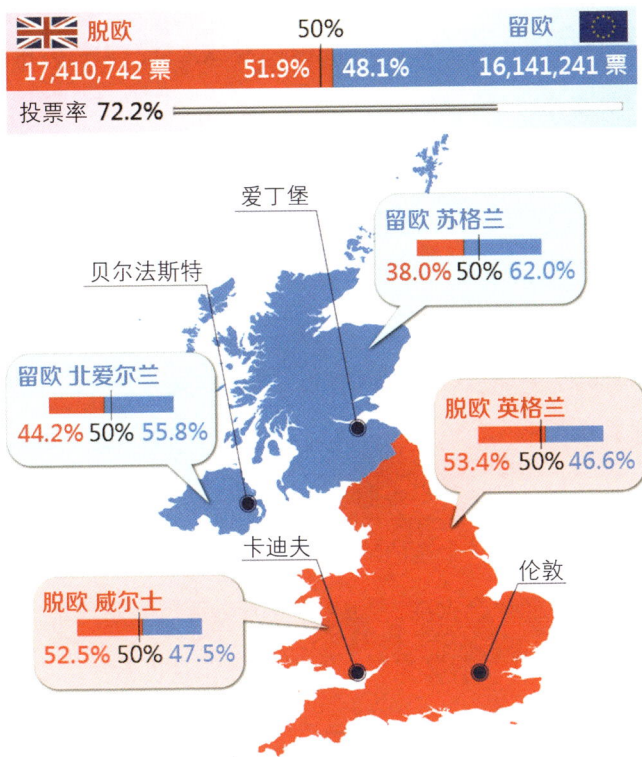

图 6-11　脱欧公投结果

就应该干净利落，不要"拖泥带水"；英国在脱离欧盟的同时，也要离开欧洲共同市场，即不必以放弃部分边界管控权、有条件允许欧洲移民自由流动为代价，部分保留英国在欧洲共同市场的地位，享受零关税的好处。"软脱欧"派以特蕾莎·梅为代表，认为英国即使退出欧盟，也无法完全离开欧洲，英欧之间有很强的相互依赖；为减少脱欧可能会带来的经济和社会动荡，英国需要从实际出发进行衡量。因此，该派反对与欧盟彻底决裂，主张英国继续留在欧洲单一市场和关税同盟。"软脱欧"与"硬脱欧"之争，反映出英国在脱欧问题上，还没有做好认真准备，这也意味着脱欧之路并非坦途。

要带领英国完成脱欧，特蕾莎·梅还必须在本国的脱欧法案与欧盟谈判协议中达成一致，这意味着要在捍卫英国国家利益及保障欧盟利益之间寻求一种艰难的平衡，这一任务极为艰巨。为此，英国政府专门成立了一个新的部门——脱欧部，负责处理与脱欧相关的任何事宜。经议会批准，2017 年 3 月，英国触发《里斯本条约》第 50 条，正式开始脱欧程序，实现与欧盟的和平分手。英欧谈判进行的漫长而艰难，所涉议题包括"分手费"、公民权利、英国与爱尔兰边界、英国在欧盟内的贸易地位等。2018 年 11 月，双发最终达成一项长达 585 页的脱欧协议，根据协议，英国将在 2019 年 3 月 29 日正式脱欧。但是否能如愿，还在于脱欧协议能否被英国议会表决通过。但遗憾的是，2019 年 1 月 15 日与 3 月 12 日，英国议会下院两次投票否决了脱欧协议。遭遇挫败的特蕾莎·梅并没有退缩，很快与欧盟重谈并达成新版脱欧协议，但在 3 月 29 日最后脱欧期限前的议会表决中，依然以 344 票对 286 票被否决。面对英国脱欧所遭遇的困局，欧盟只得同意英国延期脱欧，直到英国议会批准脱欧协议为止。而对于素以"铁娘子"形象示人的首相特蕾莎·梅而言，此后两个月中，脱欧经英欧双方相互妥协，2018 年 11 月，双方签署的《脱欧协议草案》正式发布。但不幸的是，两个月后，英国下院以绝对多数票否决了该协议，脱欧遭遇首次挫败。① 2019 年 2—3 月，特蕾莎·梅带着议会认可的脱欧方案再赴布鲁塞尔与欧盟谈判。英欧之间先后两次达成协议，但又两次被议会下院否决。在脱欧方案再三被否决、脱欧陷入僵局之际，特蕾莎·梅含泪发表了辞职演说："无论是现在，还是将来，我都对未能实现脱欧深感遗憾。"

　　7 月 24 日，保守党新党魁鲍里斯·约翰逊正式就任英国首相，脱欧的步伐大大加速了。约翰逊在与欧盟谈判中表现强硬，他多次表示，如果无法与欧盟在最后期限达成协议，他将拒绝任何拖延，带领英国无协议脱欧，而这一前景是英欧双方都不想看到的。虽然如此，在与欧盟谈判时，约翰逊一定程度上也软化了此前的"硬脱欧"立场，而寻求与欧盟的妥协。10 月 17 日，欧盟委员会与英国政府

---

① 于博涵：《英国"脱欧"法案及其进程》，《世界文化》，2019 年第 5 期，第 61 页。

就脱欧达成新协议。两天以后，当新协议准备提交下院表决时，却遭到反对派议员的阻挠。10 月 22 日，议会下院投票否决了首相约翰逊为推动脱欧协议尽快在英国议会通过而制定的立法时间表。此时，约翰逊面临着与其前任一样的政治僵局，是黯然辞职，还是针锋相对，成为摆在约翰逊面前的难题。

一贯以强硬著称的约翰逊，并没有选择退让，而是宣布解散议会，并于 12 月 12 日举行大选。这是英国百余年来首次在冬季举行的大选，而选战中围绕的议题就是脱欧。约翰逊发表多场演说，要求民众支持政府，并承诺当选后将带领英国尽快脱欧。自脱欧公投以来的三年多时间，脱欧在英国造成政治分裂与宪政危机，对于英国经济与社会造成拖累，促使民众越来越希望英国早日走出脱欧的泥潭。民意的转变，使得执政的保守党成为最大受益者。大选结果显示，约翰逊领导的保守党获得压倒性胜利，在下院 650 个席位中赢得 364 个席位，反对党工党的议席减少到 204 个。保守党的大获全胜，为快速脱欧扫清了障碍。

12 月 24 日，经过多轮激烈谈判，英国与欧盟达成最新协议。这份协议对英欧商品和服务贸易、英国海域的捕捞权分配、双方在交通、能源、司法等领域的合作等做出安排。该协议于 2020 年 1 月 9 日在下院以绝对优势获得通过。20 天后，欧洲议会以 621 票赞成、49 票反对、13 票弃权的表决结果，通过了英国脱欧协议。投票结束后，在场的议员手来手、共同吟唱起苏格兰歌曲《友谊地久天长》来送别英国。大家与英国议员相互拥抱，一些人甚至潸然泪下。法国总统马克龙发表讲话称：这是悲哀的一天，这一结果对于欧洲来说意味着失败和教训。

1月31日，英欧双方走完了所有的法律程序后，英国的米字旗在欧盟总部欧罗巴大厦前徐徐降下，这不仅终结了英国历时47年的欧盟成员国身份，而且为长达三年多的脱欧历程圆满地划上了句号。当夜23时，在唐宁街10号的英国首相官邸前，上演了庆祝英国脱欧的灯光秀。当历史性的一刻到来时，议会广场上响起了热烈的掌声与欢呼声，首相鲍里斯·约翰逊发表讲话说："今夜，我们离开了欧盟，这是这个国家生命中一个非凡的转折点。让我们现在团结起来，充分利用英国退欧将带来的所有机会，让我们释放整个英国的潜力。"约翰逊强调指出："英国脱欧是真正的民族复兴和变革的时刻。这不是结束，而是开始。这是黎明前的破晓，一个新时代的曙光。"

从1973年的艰难入欧，到2020年拉锯战后的最终脱欧，半个世纪间的英欧关系，经历了一个历史轮回，似乎从终点又回到了起点。英国在21世纪退出欧盟，在一些评论家看来，是英国重回19世纪"光辉孤立"状态的历史重演。但事实上，无论从英国的国家实力，还是从全球化的现实来看，英国都无法回归到过去。英国的入欧与脱欧，从本质上而言，是在不断变化的形势下，英国所做出的最有利于自身利益的选择。正如19世纪英国首相帕麦斯顿在阐

图 6-12　脱欧谈判完成现场

释国家关系时所说：一个国家，"没有永久的盟友，也没有永久的敌人，只有利益是永久的和不变的"①。因此，当欧盟遭遇困境，英国可以选择退出而独善其身；那么，当欧盟走出困境、一体化带来巨大红利之时，英国重新加入欧盟也并非不可想象。

---

① 陈乐民：《战后英国外交史》，北京：世界知识出版社，1994 年版，第 4 页。

参考文献

一、中文译著

[美] 爱·麦·伯恩斯:《当代世界政治理论》，曾炳钧译，北京：商务印书馆，1983 年版。

[美] 保罗·肯尼迪:《大国的兴衰》，蒋葆英等译，北京：世界知识出版社，1990 年版。

[美] 查尔斯·比尔德、玛丽·比尔德:《美国文明的兴起》(第一卷)，许亚芬译，北京：商务印书馆，1991 年版。

[美] 克莱顿·罗伯茨等:《英国史》(上册)，潘兴明等译，北京：商务印书馆，2013 年版。

[美] 罗宾·W. 温克、L. P. 汪德尔:《牛津欧洲史》(第 1 卷)，吴舒屏等译，长春：吉林出版集团有限公司，2009 年版。

[美] R. R. 帕尔默、乔·科尔顿、劳埃德·克莱默:《工业革命：变革世界的引擎》，苏中友、周鸿临等译，北京：世界图书出版公司，2010 年版。

[美] 塞缪尔·亨廷顿:《变化社会中的政治秩序》，

王冠华等译,北京：生活·读书·新知三联书店,1997 年版。

[美] 塞缪尔·埃利奥特·莫里森:《美利坚共和国的成长》(上),南开大学历史系美国史研究室译,天津：天津人民出版社,1980 年版。

[美] 托马斯·麦格劳:《现代资本主义——三次工业革命中的成功者》,赵文书、肖锁章译,南京：江苏人民出版社,2000 年版。

[美] 詹姆斯·特拉斯洛·亚当斯:《缔造大英帝国：从史前时代到北美十三州独立》,张茂元、黄玮译,桂林：广西师范大学出版社,2019 年版。

[英] 安东尼·吉登斯:《第三条道路：社会民主主义的复兴》,郑戈译,北京：北京大学出版社,2000 年版。

[英] A. L. 莫尔顿、乔治·台德:《英国工人运动史》,叶周等译,北京：生活·读书·新知三联书店,1962 年版。

[英] 阿萨·勃里格斯:《英国社会史》,陈叔平译,北京：中国人民大学出版社,1992 年版。

[英] 彼得·马赛厄斯、悉尼·波拉德主编:《剑桥欧洲经济史》(第八卷),王宏伟、钟和译,北京：经济科学出版社,2004 年版。

[英] 彼罗·斯拉法:《李嘉图著作和通信集》(第一卷),郭大力、王亚南译,北京：商务印书馆,1962 年版。

［英］克拉潘:《现代英国经济史：1850—1886 年》（中卷），姚曾廙译，北京：商务印书馆，2009 年版。

［英］查尔斯·辛格、E. J. 霍姆亚德、A. R. 霍尔、特雷弗·I. 威廉斯:《技术史》（第 4 卷），辛元欧主译，上海：上海科技教育出版社，2004 年版。

［英］大卫·格拉米特:《玫瑰战争简史》，廖艺译，北京：化学工业出版社，2017 年版。

［英］E. P. 汤普森:《英国工人阶级的形成》，钱乘旦等译，南京：译林出版社，2001 年版。

［英］艾瑞克·霍布斯鲍姆:《资本的年代 1848—1875 年》，张晓华译，南京：江苏人民出版社，1999 年版。

［英］艾瑞克·霍布斯鲍姆:《极端的年代》（上），郑明萱译，南京：江苏人民出版社，1999 年版。

［英］埃里克·霍布斯鲍姆:《工业与帝国：英国的现代化历程》，梅俊杰译，北京：中央编译出版社，2016 年版。

［英］弗朗西斯·培根:《培根论说文集》，水天同译，北京：商务印书馆，1996 年版。

［英］哈罗德·麦克米伦:《麦克米伦回忆录》，山东大学外文系翻译组译，北京：商务印书馆，1976 年版。

［英］霍布豪斯:《自由主义》，朱曾汶译，北京：商务印书馆，1996 年版。

［英］H. J. 哈巴库克、M. M. 波斯坦主编：《剑桥欧洲经济史》（第六卷），王春法、张伟等译，北京：经济科学出版社，2002 年版。

［英］乔·柯尔：《费边社会主义》，夏遇南等译，北京：商务印书馆，1984 年版。

［英］肯尼思·O. 摩根主编：《牛津英国通史》，王觉非译，北京：商务印书馆，1993 年版。

［英］利顿·斯特莱切：《伊丽莎白女王和埃塞克斯伯爵——一部悲剧性的历史》，戴子钦译，北京：生活·读书·新知三联书店，1996 年版。

［英］P. J. 马歇尔：《剑桥插图大英帝国史》，樊新志译，北京：世界知识出版社，2004 年版。

［英］罗杰·奥斯本：《钢铁、蒸汽与资本：工业革命的起源》，曹磊译，北京：电子工业出版社，2016 年版。

［英］萨利·杜根、戴维·杜根：《剧变：英国工业革命》，孟新译，北京：中国科学技术出版社，2018 年版。

［英］T. S. 阿什顿：《工业革命：1760—1830》，李冠杰译，上海：上海人民出版社，2020 年版。

［英］托马斯·孟：《英国得自对外贸易的财富》，袁南宇译，北京：商务印书馆，1978 年版。

［英］提摩西·加顿·艾什：《自由世界：美国、欧洲和西方世界的未来》，张宁译，北京：东方出版社，

2009 年版。

　　[英] 温斯顿·丘吉尔:《英语国家史略》，薛力敏等译，北京：新华出版社，1985 年版。

　　[英] 贝弗里奇:《贝弗里奇报告：社会保险和相关服务》，华迎放译，北京：中国劳动社会保障出版社，2004 年版。

　　[英] 亚当·斯密:《国民财富的性质和原因的研究》，郭大力、王亚南译，北京：商务印书馆，1974 年版。

　　[英] 约翰·德斯蒙德·贝尔纳:《历史上的科学》(卷二)，伍况甫、彭家礼译，北京：科学出版社，2015 年版。

　　[英] 约翰·穆勒:《政治经济学原理》(下卷)，赵荣潜等译，北京；商务印书馆，1997 年版。

　　[英] 约翰·梅纳德·凯恩斯:《就业、利息和货币通论》，徐毓枬译，北京：商务印书馆，1994 年版。

　　[法] 米歇尔·博德:《资本主义史 1500—1980》，吴艾美等译，北京：东方出版社，1986 年版。

　　[法] 阿历克西·德·托克维尔:《论美国的民主》，董国良译，北京：商务印书馆，1997 年版。

　　[意] 卡洛·M. 奇波拉主编:《欧洲经济史》(第五卷上册)，胡企林、朱泱译，北京：商务印书馆，1988 年版。

　　[澳] 曼宁·克拉克:《澳大利亚简史》(上)，中山大学《澳大利亚简史》翻译组译，广州：广东人民出版社，

1974 年版。

[日] 堀经夫:《英国社会经济史》,许啸天译,北京:
商务印书馆,1936 年版。

[东德] 汉斯·豪斯赫尔:《近代经济史》,王庆余、
吴衡康、王成稼译,北京:商务印书馆,1987 年版。

[苏] 施脱克马尔:《十六世纪英国简史》,上海外
国语学院编译室译,上海:上海人民出版社,1958 年版。

二、中文专著

程汉大:《英国政治制度史》,北京:中国社会科学
出版社,1995 年版。

陈启能主编:《香港与英国的殖民撤退》,北京:中
国社会科学出版社,1993 年版。

陈乐民:《战后英国外交史》,北京:世界知识出版
社,1994 年版。

陈晓律:《英国福利制度的由来与发展》,南京:南
京大学出版社,1996 年版。

陈晓律、于文杰、陈日华:《英国发展的历史轨迹》,
南京:南京大学出版社,2009 年版。

陈曦文:《英国16世纪经济变革与政策研究》,北京:首都师范大学出版社,1995年版。

曹海军主编:《权利与功利之间》,南京:江苏人民出版社,2006年版。

陈祖洲:《通向自由之路:英国自由主义发展史研究》,南京:南京大学出版社,2012年版。

崔毅:《一本书读懂英国史》,北京:金城出版社,2010年版。

丁建定:《从济贫到社会保险:英国现在社会保障制度的建立1870—1914》,北京:中国社会科学出版社,2000年版。

丁建定、杨凤娟:《英国社会保障制度的发展》,北京:中国劳动社会保障出版社,2003年版。

高英彤:《帝国夕阳——日渐衰微的不列颠》,长春:吉林人民出版社,1998年版。

高岱:《英国通史纲要》,合肥:安徽人民出版社,2002年版。

高岱:《英国政党政治的新起点:第一次世界大战与英国自由党的没落》,北京:北京大学出版社,2005年版。

郭家宏:《从旧帝国到新帝国:1873—1815英帝国史纲要》,北京:商务印书馆,2007年版。

郭家宏:《日不落帝国的兴衰:英国与英帝国史研

究》，北京：北京师范大学出版社，2011 年版。

郭家宏：《富裕中的贫困：19 世纪英国贫困和贫富差距问题研究》，北京：社会科学文献出版社，2016 年版。

黄素庵：《西欧"福利国家"面面观》，北京：世界知识出版社，1985 年版。

何新主编：《中外文化知识词典》，哈尔滨：黑龙江人民出版社，1989 年版。

洪邮生：《英国对西欧一体化政策的起源和演变》，南京：南京大学出版社，2001 年版。

蒋孟引主编：《英国史》，北京：中国社会科学院出版社，1988 年版。

蒋劲松：《议会之母》，北京：中国民主法制出版社，1998 年版。

计秋枫、冯梁：《英国文化与外交》，北京：世界知识出版社，2002 年版。

姜守明：《从民族国家走向帝国之路》，南京：南京师范大学出版社，2000 年版。

姜守明等：《英国通史》（第三卷），南京：江苏人民出版社，2016 年版。

罗志如、厉以宁：《二十世纪的英国经济："英国病研究"》，北京：人民出版社，1982 年版。

李琮：《西欧社会保障制度》，北京：中国社会科学出版社，1989 年版。

李奇泽:《英国脱欧：进展与前景》，北京：人民出版社，2017 年版。

林承节、祝百年:《殖民主义史》（南亚卷），北京：北京大学出版社，1999 年版。

刘金源、洪霞:《潮汐英国人》，成都：四川人民出版社，2001 年版。

刘金源等:《英国通史》（第四卷），南京：江苏人民出版社，2016 年版。

刘成、刘金源、吴庆宏:《英国：从称霸世界到回归欧洲》，西安：三秦出版社，2005 年版。

刘成等:《英国通史》（第五卷），南京：江苏人民出版社，2016 年版。

刘新成:《英国议会研究（1485—1603）》，北京：人民出版社，2016 年版。

陆伟芳:《英国妇女选举权运动》，北京：中国社会科学出版社，2004 年版。

林勋健主编:《政党与欧洲一体化》，北京：当代世界出版社，2000 年版。

马克垚:《英国封建社会研究》，北京：北京大学出版社，2005 年版。

马瑞映:《疏离与合作：英国与欧共体关系研究》，

北京：中国社会科学出版社，2007 年版。

马振岗:《我所知道的布莱尔》，北京：东方出版社，2015 年版。

孟广林:《英国封建王权论稿——从诺曼征服到大宪章》，北京：人民出版社，2002 年版。

孟广林、黄春高:《英国通史》(第二卷)，南京：江苏人民出版社，2016 年版。

孟广林:《英国"宪政王权"论稿：从＜大宪章＞到"玫瑰战争"》，北京：人民出版社，2017 年版。

闵凡祥:《国家与社会：英国社会福利观念的变迁与撒切尔政府社会福利改革研究》，重庆：重庆出版社，2009 年版。

彭迪先:《世界经济史纲》，北京：生活·读书·新知三联书店，1949 年版。

钱乘旦、陈意新:《走向现代国家之路》，成都：四川人民出版社，1987 年版。

钱乘旦:《第一个工业化社会》，成都：四川人民出版社，1988 年版。

钱乘旦、陈晓律:《在传统与变革之间——英国文化模式溯源》，杭州：浙江人民出版社，1991 年版。

钱乘旦:《工业革命与英国工人阶级》，南京：南京出版社，1992 年版。

钱乘旦等:《日落斜阳——20世纪英国》,上海:华东师范大学出版社,1999年版。

钱乘旦、许洁明:《英国通史》,上海:上海社会科学院出版社,2017年版。

邱翔钟:《权贵英国》,上海:上海人民出版社,2016年版。

仇振武:《不可不知的英国史》,武汉:华中科技大学出版社,2019年版。

宋家珩:《枫叶国度——加拿大的过去与现在》,济南:山东大学出版社,1989年版。

沈汉、刘新成:《英国议会政治史》,南京:南京大学出版社,1991年版。

王振华:《英联邦的兴衰》,北京:中国社会科学出版社,1991年版。

王觉非主编:《近代英国史》,南京:南京大学出版社,1997年版。

王觉非主编:《英国政治经济和社会现代化》,南京:南京大学出版社,1989年版。

王章辉:《英国经济史》,北京:中国社会科学出版社,2013年版。

王宇博:《澳大利亚:在移植中再造》,成都:四川人民出版社,2000年版。

外国经济学说研究会编:《现代国外经济学论文选》（第一辑），北京：商务印书馆，1979年版。

阎照祥:《英国政党政治史》，北京：中国社会科学出版社，1993年版。

阎照祥:《英国政治制度史》，北京：人民出版社，1999年版。

阎照祥:《英国史》，北京：人民出版社，2014年版。

阎照祥:《英国政治思想史》，北京：人民出版社，2010年版。

孙洁:《英国的政党政治与福利制度》，北京：商务印书馆，2008年版。

张顺洪:《大英帝国的瓦解：英国的非殖民化与香港问题》，北京：社会科学文献出版社，1997年版。

周弘:《福利的解析——来自欧美的启示》，上海：上海远东出版社，1998年版。

张亚东:《英帝国史》（第三卷），南京：江苏人民出版社，2019年版。

张亚东:《重商帝国:1689—1783年的英帝国研究》，北京：中国社会科学出版社，2004年版。

张本英:《自由帝国的建立——1815—1870年英帝国研究》，合肥：安徽大学出版社，2009年版。

张明贵:《费边社会主义思想》，中国台北：五南图书出版股份有限公司，2003 年版。

张美、鞠长猛:《现代世界的引擎：工业革命》，长春：长春出版社，2012 年版。

赵怀普:《英国与欧洲一体化》，北京：世界知识出版社，2004 年版。

三、中文论文

金玲:《英国脱欧：原因、影响及走向》，《国际问题研究》，2016 年第 4 期。

刘黎:《英国这次是否真的决定离开》，《环球财经》，2016 年第 6 期。

暮云:《英联邦真是"鸡肋邦"？》，《廉政瞭望》（上半月），2018 第 5 期。

曲兵、王朔:《透视英国的"疑欧主义"》，《现代国际关系》，2016 年第 4 期。

于博涵:《英国"脱欧"法案及其进程》，《世界文化》，2019 年第 5 期。

吴韵曦:《英国大选的脱欧因素与后脱欧时代的政治走向》，《当代世界与社会主义》，2020 年第 4 期。